数海曼舞

SHUHAI MANWU

陈雯 主编

浙江工商大学出版社

图书在版编目(CIP)数据

数海曼舞 / 陈雯主编. — 杭州 ：浙江工商大学出版社，2016.1

ISBN 978-7-5178-1440-5

Ⅰ. ①数… Ⅱ. ①陈… Ⅲ. ①小学数学课—教学研究 Ⅳ. ①G623.502

中国版本图书馆 CIP 数据核字(2015)第 300759 号

数海曼舞

陈　雯 主编

责任编辑　王黎明
责任校对　金菲菲
封面设计　林朦朦
责任印制　包建辉
出版发行　浙江工商大学出版社
（杭州市教工路 198 号　邮政编码 310012）
（E-mail：zjgsupress@163.com）
（网址：http://www.zjgsupress.com）
电话：0571－88904980，88831806(传真)
排　　版　杭州朝曦图文设计有限公司
印　　刷　虎彩印艺股份有限公司
开　　本　710mm×1000mm　1/16
印　　张　12
字　　数　195 千
版 印 次　2016 年 1 月第 1 版　2016 年 1 月第 1 次印刷
书　　号　ISBN 978-7-5178-1440-5
定　　价　36.00 元

浙江工商大学出版社营销部邮购电话　0571－88904970

数海曼舞

感怀——
星的陪伴，
在夜空深蓝；
感谢——
风的呢喃，
在数海浩瀚。
因为
相同的爱好，
相同的心愿，
我们
行走在数学教学路上
我们采撷共同的清欢。
一路轻歌曼舞，
舞出一份优雅，
唱出一份温暖。
谢谢，
同路人！
在前进的道路上
有你们陪伴
在人生的旅途中
有数为舞伴
——我，永不孤单

与数学美好相遇

全一凡　温州市鹿城区教育局局长

马鞍池小学陈雯校长把她名师工作室编写的《数海曼舞》电子稿发予我阅览，并请我为其写序。说实话，开始并不想为之，因为我对教学并不内行，写序须通读文集，还须得其要领，方能落笔。但细想，这是给一线教师教育教学成果集作序，便欣然答应，只为教师们悦纳平凡却拒绝平庸的那份坚守。

宋代诗人司马俨在《仲夏赏月次雪斋韵》中有“万物自有数，一毫皆系天”的诗句，简单地说，数学在自然世界里无处不在，数学就在我们的生命之中。但我们会发现身边很多孩子的数学成绩虽然很好，却不知道200米是多远，5公斤大概有多重，10平方公里有多大。他们在数学教学中，学到的只是数字，而不是数学本身。我常想，数学教育的目标，不应该是为了培养极个别能解出各种难题的数学竞赛人才，同时让大多数孩子对数学产生恐惧，它的目标应是培养具备数学思维，能感受到数学的真和美，从而让人生更完美的人。我们应该致力于通过故事、游戏，通过各种实践，慢慢让孩子步入玄妙的数学天地，让他们和数学美好相遇。

令人欣喜的是，阅读《数海曼舞》时，我看到的是一群扎根数学教学和研究的老师们，他们想方设法引领学生体验数学的内在美，感悟数学的自然美，努力使数学成为学生丰厚人格内涵的滋养之地，以此提升学生生命的质量和品位。尤其是陈雯校长对于“错误”的准确定位，尤为让人感动。陈雯校长在《灵活调控，变“错”为宝——试谈小学数学课堂中学生“错误”资源的有效利用》一文中谈道：“只要我们能够发现和正视学生数学学习过程中的错误，灵活调控，变‘错’为宝，使其作为一种资源被有效利用，那么错误就能成为发展学生学习能力的一帖良药，就能真正促进课堂教学的不断生成和推进，真正实现‘人’的教学。”

其实，在这个世界上没有真正的错误，只有被忽略的智慧。即便是一株无法结出果实的地莓，也不要轻易扔掉，因为它可能会开出最美丽的花朵，学习的过程是一种渐进的、尝试错误的过程，只有善待错误、顺应错误、分析错误、反思错误，甚至制造错误、辩论错误，才能充分暴露思维过程，引起知错、改错、防错的良性反应，从而让"错误"美丽转身。变"错"为宝是一种智慧，更是一种精神。

《数海曼舞》一书以教学设计、教研心得、教学观点、教学随笔为体例，以纪实的文字和生花的妙笔记录了陈雯"一科数"名师工作室的老师们执着教学之路的美德大爱，展示出鹿城教师的动人风采。细细品味，耕耘有声；掩卷凝思，心潮涌动。这是名师工作室闪亮的教学业绩，也是促进我区教育事业改革发展的一笔宝贵精神财富。借本书即将付梓出版的机会，我衷心祝愿本书的作者们，愿他们能站在新的历史起点上，再接再厉、再创佳绩。同时，殷切期望全区广大人民教师能深爱这块使自己成长成才的沃土，以名师为榜样，见贤思齐，与时俱进，努力在实现鹿城教育事业又好又快发展的生动实践中，挥毫写下自己浓墨重彩的一笔。

一起行走的日子

（自序）

行走在探究数学教学方法的路上，我追寻着梦想，期盼着幸福。我期待的幸福，就是一直行走在此探究的路上。

我喜欢三尺讲台，喜欢在探究数学教学的路上跋涉，喜欢收获心与心的交融，更喜欢我的学生慢慢地爱上数学，和我一起遨游数学乐园。这一切浸润着我的教育思索，充盈我的教育人生。在无疆的数学领域里，我作为行者，把教学看作生命的一部分，一路跋涉，一路追寻，努力去发现、撷取简约而不简单的快乐。

时光荏苒，初心依旧，回首走过的历程，我充实着，收获着，快乐着。

2013年，温州市鹿城区教育局为加大对农村学校、发展中学校、民办学校的扶持力度，促进教育均衡，全面提高教育教学质量，分别在城东、城西、乡镇的四所学校设立名师工作站，积极发挥名师效应，带动周边薄弱学校教学水平的提高，力求起到引领辐射的作用。承蒙领导们的信任与厚爱，我有幸承担了其中一个名师工作站站长和数学名师工作室主持人的重任，又因与科学名师工作室同在一个工作站，我便以“一科数”命名工作室。在当时的成立大会上，我代表导师做发言，得到领导和老师们的认同，这是第一次亮相金名片。

成立之初，我全盘思考工作室的定位和发展方向，本着“专家指导，导师引领，同伴互助，教研结合，创新提高”的原则，通过“以师带徒”的方式，创建优秀教师团队，引领学员加强师德修养，增强职业认同感和幸福感，传授教育教学专业技能，提升专业素质及教学科研能力，发挥名师在教师队伍建设中的辐射、引领和示范作用。从此，我便带领着十四位来自各个学校的骨干学员，一起相约行走在探究数学教学的路上，一路欢歌，一路曼舞……

为确保“一科数”名师工作室扎实而又有开创性地发展，发挥工作室每个人的特长，工作室拟订出相关的管理办法，制订了详细的工作计划和行事历，要求每位成员按照工作室的要求和自己的工作实际，实行自学、集中学习、网上学习交流等多种形式，努力提高自己在教育教学上各个方面的能力。我们的活动定位在学习共同体上，以加强对工作室成员的培训和培养，努力挖掘各成员的潜能，因此要为每个人制订个人发展规划，力求把本工作室建成一个工作团队、学习团队、研究团队，形成紧密的学习共同体、研究共同体，争取高质量地完成每次教育教学研究工作，为全区的小学数学教育服务。两年里，工作室陆续举办面向鹿城西片区各校数学教师的“概念教学”“图形建模”等系列主题学习活动，一步一个脚印地擦亮了工作室的金名片。

我们为全力打造学习型、研究型的共同体，定期集中举办读书沙龙、教学研讨沙龙，进行好书鉴赏交流、课题研究、观点报告等活动，畅谈见解。每学期，工作室特聘高等院校、省特级教师和教研部门有关专家、学者开设讲座，每位学员递交学习、交流心得体会。我们与专家面对面，感受名家风范，聆听专家们高屋建瓴的观点，学习专家丰厚的教育教学理论，领略他们非同寻常的风采。与专家互动式的对话交流，不仅使我们在教育教学理念上有了很大的提升，也使我们对新课改的深入实施有了更深的思考，萌发了实践的激情。

我们扎根课堂，有效、充分地发挥工作室研究共同体的作用，提高理论水平，深化对教育的理解和认识。引领学员学习先进的教学理论，更新教育教学观念，与时俱进，力求走在小学数学教育教学理论的前沿。通过研课，聚焦课堂教学，促进其进一步提升，针对每位成员的特点和特长，帮助他们总结和提炼教学风格和特色。我们争取市教师教育院的支持，积极与其他几个区数学名师工作室联合，每学年举行一次大型的面向全区乃至全市的课堂教学观摩活动，促进成员间的交流研讨，提高课堂实效。品课，我们品评各地名师授课录像及现场观课，一起讨论名师教学设计、课堂随机活动等，树立自己的学习对象，然后剖析自身课堂，集思广益，模仿学习自己的偶像教师，共同进步。研课，我们开展同课异构、不同课型、相同领域研讨等课堂教学活动。研课前、品课后，大家积极发表自己观点，聆听他人的真知灼见。思课，我们研讨活动中的思维碰撞、课余时间的反思，整理成文以备发表。我们科研促教，工作室全体成员在培训周期内力求人人有课题，个个有研究。这样以课题研究为载体，学习、互动、思考更加明确，学员们的进步更明显，再次擦亮了工作室金名片。

行走在探究数学教学方法的路上，我与我的伙伴们交流探讨，教学相长。我们前行的道路变得开阔、明朗，我们教学的独特风格逐步形成。灵动智慧、朴素扎实高效的课堂，我们努力并实践着，我们取得的成绩是对我们工作的最大肯定。

在此，感谢鹿城区教育局给我提供了这个平台，促成了本书的形成；感谢这个有思想、有凝聚力、有活力的团队，两年里，我们在交流中取长补短，分享智慧与快乐，在进取奋斗中幸福成长，感动于学员们的不懈努力与坚持，感动于学员们的豪情满怀！于是，便有了《数海曼舞》这本书。拙作中文体多样，有论文，有案例，有课堂实录，有教学叙事和随笔等，旨在能给老师们以启示。教学研究距常规教学并不遥远，它就存在于日复一日的教学中，只要我们有研究意识，就可以通过多种文体随时记录下自己的“成长”，进而促进自己的再成长。

我站在教育路上，张开双臂，仰天微笑。也许，这才是我拥有的欣然。在数海中相伴曼舞，特此纪念我们一起行走过的日子。

陈　雯

2015 年 8 月 9 日于温州

目 录 CONTENTS

/第一篇/ 涟漪层叠——教研心得篇

/第二篇/ 花香梦痕——教学观点篇

第一篇　涟漪层叠——教研心得篇

在如流水一般的旋律里，舞者的心恍然容纳下万千风月，足尖滑过的每一个音符，都是心弦上奏响的永不凋零的风景。

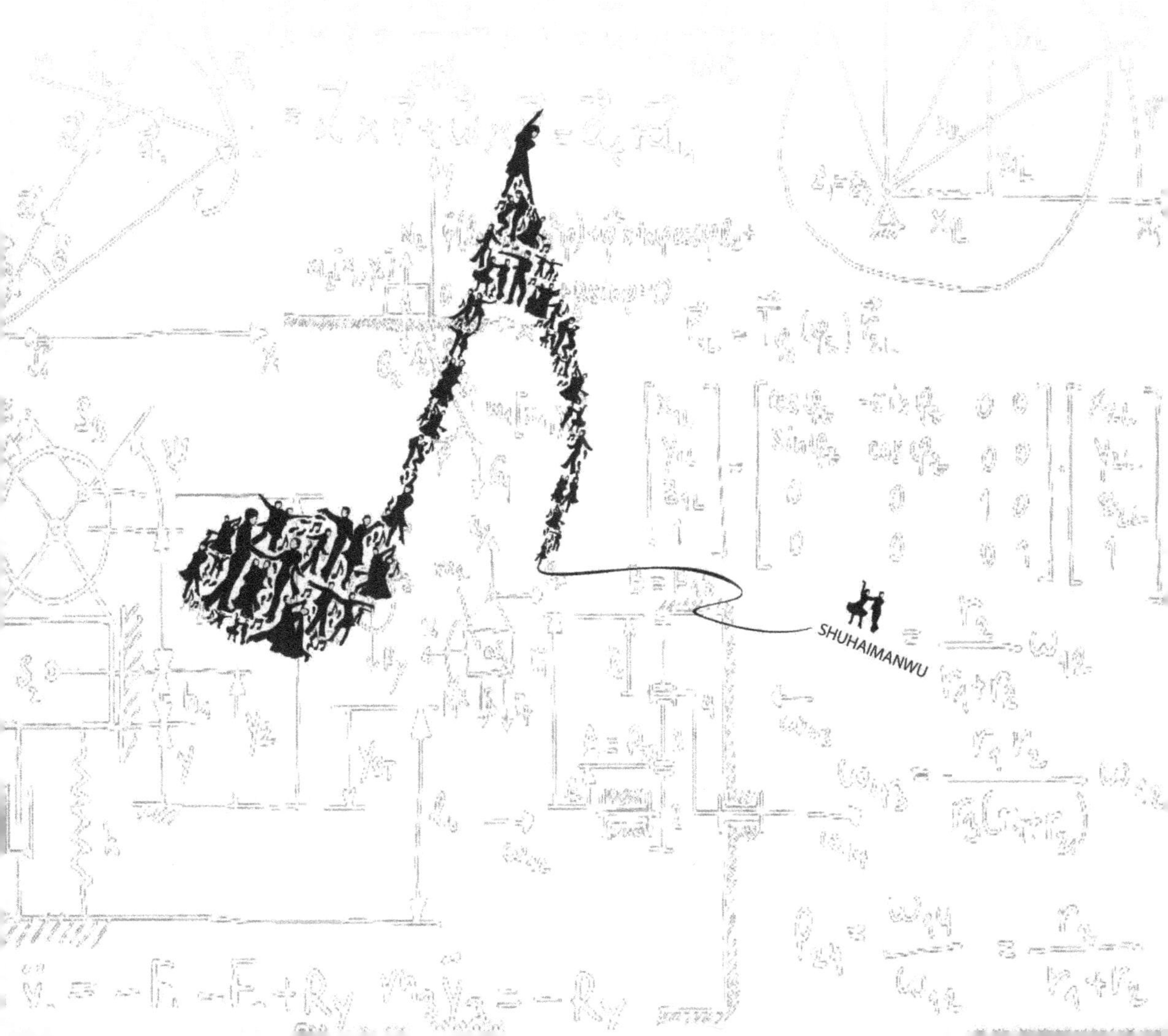

灵活调控，变"错"为宝

——试谈小学数学课堂中学生"错误"资源的有效利用

【摘　要】新课程背景下的小学数学课堂是一个民主、和谐、师生平等的课堂。身为教师的我们应该以新的视角给课堂中学生所犯错误的"价值"重新定位，学会用资源的眼光来看待这些错误，及时抓取、积极对待、细心呵护、用心挖掘、有效利用。最终，让"错误"也成为课堂教学的一个亮点，为教学添上一道亮丽的风景线。

【关键词】数学课堂　学生　"错误"资源　有效利用

新课程背景下的课堂教学是一个动态的变化、发展过程，也是师生、生生之间交流、互动的过程。由于学生认知方式与思维策略的不同，以及认知水平和学习能力的差异，在我们的数学课堂中，经常会有学生出错，而这种错误是学生在探究过程中亲历的产物。那种滴水不漏、难容错误的传统课堂，我们只能仰视，感受到的是无奈。在推行课改的今天，我们不妨以一颗平常心来重新审视课堂，以新的视角给课堂中学生所犯错误的"价值"重新定位，允许学生出错，学会用资源的眼光来看待课堂中的错误，并正确、巧妙地对其加以利用。

一、正视错误——多维互动的出发点

由于所处的文化背景、家庭背景以及自身认知结构、思维方式的不同，学生在经历真实的数学学习活动时，呈现出很大的差异性，其获得的学习结果也带有明显的个性化特征。学生通过自主探索获得的个性化结论，可能是正确的，也可能是错误的。当学生在课堂上出现错误时，教师们往往以冷漠的表情令其坐下再想想，"一棍子"打死了这些错误想法，使得有些稍纵即逝的"错误"资源就这样在不经意中被忽略。久而久之，学生由于怕错的心理不敢再随意表达自己的观点，教师也无从获得真实的信息，以至于课堂变得很沉寂，师生之间的互动也变得干瘪无力。

随着新一轮课改的深入，我们应当给课堂中学生所犯的错误重新定位，要以资

源的眼光去正视学生的错误，给予其足够的辨错时间，借以暴露其思维过程，从而捕捉其中有利于师生、生生多维互动的信息。

在教学中，我常用开“绿灯”的方式对待学生的错误，在课堂上提倡几个允许：错了允许重答，答不完整允许再想，不同的意见允许争论。这盏“绿灯”使孩子们的自尊心得到了保护，人格得到了充分尊重。课堂上，学生没有答错题被老师斥责的忧虑，更没有被同学耻笑的苦恼，他们在民主的气氛中学习，思维活跃，敢说、敢做、敢问，勇于大胆创新，能以健康向上的情感态度投入学习，体会到学习的乐趣，而且师生关系也非常融洽。面对学生已出现的错误，我还常做换位思考，多站在学生的角度想，想想学生此时的心理状况和情绪。

例如在“圆的认识”一课的“画圆”教学环节，以往老师往往三令五申让学生收起圆规，正襟危坐听老师讲解画圆的注意点，看老师如何画圆。现今有些老师把这一步变成学生通过课前预习交流画圆的注意点，其实质没有多大改变。这样的教学，学生按部就班，课上个个都画出了完美、标准的圆。而我在教学时却独辟蹊径，先让学生用圆规在自己的练习纸上尝试画一个圆。学生动手操作时，老师巡视。然后，我选择几幅典型的作品放在投影仪上让学生观察。（选择的作品有：①起点和终点不在同一位置上的；②把“圆”画成了鸡蛋状的；③将弧线画得时隐时现、时粗时细的；等等。）看到这些作品（匿名的），学生哄堂大笑。“你们在笑什么呢？”我微笑着问。“这些都不是圆形，画错了！”学生意见一致。随即，我便让学生分析出现问题的原因，众人你一言我一语，纷纷发言：甲的圆心没有固定好，所以连不上了；乙画的时候圆规两脚间的距离老在变，半径变了，所以画成了“鸡蛋”；丙用力不均，才会出现问题……错误的原因一个个被学生找出，此时的学生就像炸开了的锅。我继续问：“画圆时应该注意些什么问题？怎样才能画出一个既规则又美观的圆？”学生情绪高涨、思维活跃，自己总结并概括出了画圆的方法。然后我要求学生对自己起先画的圆做自我评价，如果不满意的，可以重新画一遍，最后展示。就这样，我让孩子们感受到了自己的改变和成长，因为学习本身就是为了“改变”。这种在学习活动中获得的充实感，从错误走向成功的快乐感，是最激动人心的，这正是课堂“错误”资源化所追求的境界。“出错”并非是坏事，而恰恰是宝贵的教学资源，是课堂中生生、师生之间多维互动的出发点。

二、捕捉错误——动态生成的切入点

课堂教学过程应该是一个动态的、变化生成的过程。在师生、生生交流互动的过程中，随时可能暴露错误的学情信息。教师要独具慧眼，善于及时捕捉稍纵即逝的错误，将其作为教学资源，机智地进行判断、筛选、提炼，在师生之间、生生之间展开多向互动，在互动中完成对新知识的意义建构。因此，从某种意义上来说，捕捉课堂上那些鲜活的"错误"资源，正是课堂动态生成的切入点。

我在执教公开课"6 的乘法口诀"时，在学生熟记 6 的乘法口诀后，师生共同进入创设的童话情境(与动物交朋友的游戏练习)之中。多媒体画面呈现河马、鸭子、企鹅、机灵狗等动物，它们手中分别拿着 24、36、30、54 等号码。生动的画面使学生精神振奋。"小朋友，请拿出课前准备好的交友卡(如 6×6、6×3+6、9×6、6×5+6 等)，算出卡中算式的得数，根据得数找朋友。"我的话音刚落，学生便把卡放在桌上忙着算起来。大家一个个跃跃欲试，迫切想上台交朋友，课堂气氛空前活跃。河马、鸭子很快找到了自己的朋友。当出现手拿 30 号的企鹅蹒跚地走向大家说"谁是我的朋友"时，四五个学生便激动地拿着交友卡兴冲冲地跑上讲台，高举着交友卡等待老师和其他同学的"裁决"。上台的几人中竟有一个小女孩举着"6×5+6"的交友卡。这时，那些"小法官们"可沉不住气了，纷纷叫道："算错了，算错了，她不是小企鹅的朋友。"大家的喊叫把这位刚才还在兴奋之中的小女孩弄得满脸通红，双手无力地放了下来。这时，我从容地走到这个女孩子身旁，一边示意大家安静，一边蹲下身来，右手挽着小女孩，对大家说："××同学愿意跟企鹅交朋友，说明她是一个有爱心的孩子。其实，只要给交友卡 6×5+6 换一个数字，她仍是企鹅的朋友。有谁能帮帮她呢?"我的话把学生震住了，小女孩脸上也露出微笑。"谁来改?"学生依然在议论，于是我趁机提议："还是请她自己改吧。"果然，小女孩说："小企鹅是 30 号，也就可以用口诀五六三十，而我的卡中还加了 6，所以要用前一句口诀四六二十四，加上 6 就是 30。因此，只要把算式中的 5 改成 4 就可以了。"

多清晰的思维！多精彩的发言！课堂上不由得响起了热烈的掌声。从掌声中我听出了赞赏，更听出了学生对教师的爱戴。

"还有其他的改法吗?"我乘胜追击问道。

这一问，课堂上可热闹了，学生纷纷思考讨论：

“可以改成 6×6—6。”

“6×4＋16。”

“6×5＋0。”

……

这节公开课获得了听课专家和教师的一致好评，大家都欣赏我的从容与机智。面对这位同学可能是一时冲动而找错朋友，我没有慌张，也没有批评指责，而是微笑着蹲下身来扶助一颗脆弱的心。正是教师的关切和引导，给了这个孩子温暖的鼓励，使“疑无路”的她重获了“又一村”的喜悦。由于我能够及时捕捉住这个课堂“错误”资源并机智地提出“还有其他的改法吗”的问题，把整个课堂气氛推向高潮，才使得这个环节的设计成为整节课的一个亮点。

学习过程就是一个具有探索性、挑战性的过程，学生在学习上出一些偏差或错误，这是正常的。然而，我们的老师在课堂上，特别是在公开课上往往惧怕学生出错，殊不知“错误是正确的先导”，正是有了学生的“错误”，教师才有了参与引导的切入点。

三、反思错误——意义建构的延伸点

荷兰数学家费赖登塔尔说：学习数学的唯一正确方法就是实行“再创造”，也就是由学生本人把要学的东西发现或创造出来，教师的任务是引导和帮助学生去进行这种再创造工作，而不是把现成的知识灌输给学生。

对待学生课堂中的错误，教师的态度也应如此。错误能否成为资源，关键在于教师能否引导学生进行积极的反思和比较。教师必须给学生提供充分的反思、交流的时间和空间，尽量让每一个学生都有发言的机会。首先让有认识障碍或获得错误结论的学生反思自己的学习过程，说说自己解决问题的方法和依据，再与其他学生的学习方法和结论进行比较。通过思维的不断碰撞，他们可能就会认识到自己发生错误的原因并进行自我矫正，避免重蹈覆辙。其次，全体参与交流，引导学生从数学学习目标（知识与技能、方法与过程、情感、态度、价值观）的几个方面展开讨论，帮助同伴扫除思维过程中的障碍，找到解决问题的正确途径。学生在帮助别人的同时，也促进了自我反思和自我完善，进一步丰富了自己的学习体验。这样，就使不同的学生在原有的基础上都得到了新的发展。

正如在教学“圆锥的体积”时，课堂中有这样一个环节，我让学生分组做实验：在空圆锥里装沙子，然后倒入空圆柱中，看看几次正好装满。各小组分头操作，之后交流圆柱和圆锥两者体积之间的关系。

生1：我们将空圆锥里装满沙子，然后倒入空圆柱中，三次正好装满，说明圆锥的体积是圆柱的三分之一。

生2：三次倒满，圆锥的体积是圆柱的三分之一。

生3(有些迟疑)：我们将空圆锥里装满沙子，然后倒入空圆柱中，四次正好装满。我们认为圆锥的体积是圆柱的四分之一。

生1：是三分之一，不是四分之一。

生4：我们在空圆锥里装满沙子，倒入空圆柱中，不到三次就将圆柱装满了。

师：答案怎么会各不相同呢？老师也来试一试吧，你们可要仔细观察啊。将空圆锥里装满沙子，倒入空圆柱里，一次，再来一次。两次正好装满。圆锥的体积是圆柱的二分之一。怎么回事呢？难道是书上的结论有错误？

学生纷纷议论起来。

师：你们有什么想法？

生5：老师，你取的圆柱太小了。我推荐你用这个空圆柱。(结果三次正好倒满)

学生恍然大悟，原来老师制造了一个小小的错误，故意选用了一个小的空圆柱。只有在等底等高的情况下，圆锥的体积才是圆柱的三分之一。

我多“狡猾”啊！分发给学生做实验的圆锥、圆柱并不是等底等高、一一配套的，却反问学生“难道是书上的结论有错误”。这样，学生一看实验结果跟书上的结论不一致，就自然而然地产生了好奇心，学生之间开始自发地议论，主动而积极地去反思实验过程，探究错误的成因。最终，不用老师多强调，他们就明白了等底等高的重要性，并且能够牢牢地掌握这一概念。

每个学生都是唯一的，他们不可能站在同一起跑线上，不可能以同样的速度，沿着唯一的途径达到目标。教学中不是缺乏教育资源，而是缺乏善于发现的眼睛。只要我们能够发现和正视学生数学学习过程中的错误，灵活调控，变“错”为宝，使其作为一种资源被有效利用，那么错误就能成为发展学生学习能力的一帖良药，就能真正促进课堂教学的不断生成和推进，真正实现“人”的教学。

参考文献：

[1]钟启泉，崔允漷，张华. 基础教育课程改革纲要(试行)解读[M]. 上海：华东师范大学出版社，2001.

[2]范梅南. 教学机智——教育智慧的意蕴[M]. 李树英，译. 北京：北京教育科学出版社，2006.

[3]冯克诚，于明，冯晓林. 课堂教学组织调控技巧全书[M]. 北京：国际文化出版公司，2005.

[4]叶澜. 重建课堂教学过程观[J]. 教育研究，2002(10).

[5]袁振国. 教育新理念[M]. 北京：北京教育科学出版社，2004.

[6]刘策. 美丽的错误：素质教育忧思录[M]. 成都：四川人民出版社，2005.

执笔：温州市马鞍池小学　陈雯

回到认知的原点，让数学教学时间分配彰显黄金比

【前言】据一份调查三、四年级孩子40分钟课时注意力的研究统计资料显示，40分钟的课时时间里：15.4%的学生注意力非常强，学习效率高；25%的学生注意力比较强，学习效率比较高；26.9%的学生注意力一般，学习效率一般；32.7%的学生注意力不集中，学习效率低。注意力最强的时间分布在课时教学中的4～13分钟。对比心理学的调查研究，不难发现：课时教学中前10分钟是广大学生注意力最集中的时刻。课时教学时间分配如果以10分钟作为一个划分的等级，那么用好这前10分钟，在时间的分配上虽仍为1∶3，但是在课堂教学质量上却远大于1∶3，甚至大于1∶2，有着事半而功倍的奇效。本文试图探索寻找学生原认知的策略，实例分析利用知识原点开展最有时效的课堂教学的策略。

【关键词】注意力　课堂效率　认知原点

这段时间不断求索“平行四边形的面积”这一课的教学，连续上了3次，又参考了很多资料，听了4节观摩课，现就这一课前20分钟的教学设计进行比对，在反思中例谈如何回到学生知识的原点，让数学教学时间分配彰显黄金比，达到事半而功倍的效果。

一、案例分析

案例一：传统的教学设计

教学环节	教学设计	学生活动	时间分配	备注
1	小小辩论赛：  	生(1)：一样大。看上去就知道了 生(2)：长方形大	5分钟	思辨杂乱无章，无法提取有价值的思想。

续　表

教学环节	教学设计	学生活动	时间分配	备注
2	数方格的方法来验证长方形和平行四边形的面积不一样 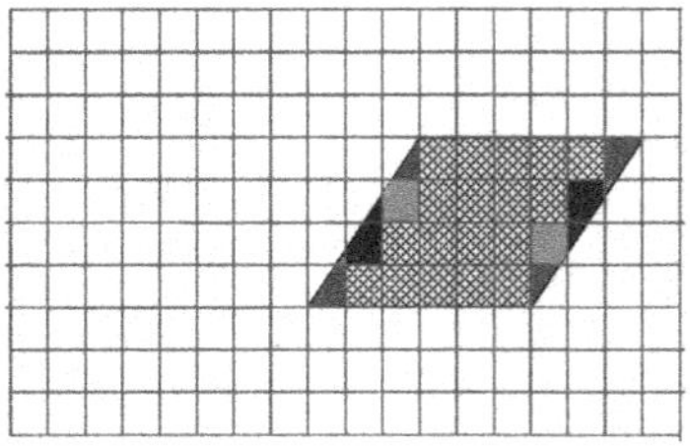	学生数平行四边形的面积时有困难，采用移补成整格的方法来数方格	6 分钟	耗时 6 分钟有无必要呢
3	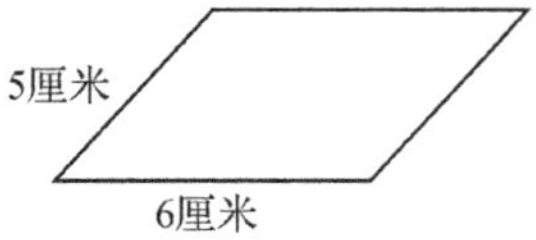 活动要求一：1. 观察图形，四人小组进行讨论，看能不能把它变成我们已学会计算面积的图形 2. 利用手中的工具试一试	学生努力地将平行四边形转化成长方形，但是 4 人小组里只有 1 位甚至 2、3 个小组里才有 1 位学生知道如何将平行四边形转化成长方形，其余学生都处在摸不清情况的状态中	10 分钟	培养学生转化的思想以及探索的精神

困惑：

对平行四边形面积计算公式的推导教学，我们一般都要求学生学会"动手操作"，即通过思辨激疑—数方格验证—求索转化—割补成长方形，进而分析两种图形的面积与其长、底、宽、高之间的关系，得出平行四边形面积的计算公式。但是从上面的案例中我们可以清晰地看出宝贵的教学前 10 分钟被耗费殆尽，20 分钟的教学换来 4 位学生的清楚认知，我们的教学效率又体现在哪里？在老师的预设里，原来一切操作活动是为了渗透转化的思想。可是转化的思想又从哪里来？教学的起点在哪里？如何利用宝贵的前 10 分钟切入主题唤醒大部分学生的认知？

反思：

这个失败的案例告诉我们应该提高课堂效率，用好宝贵的前 10 分钟不是花哨的形式，也不是老师一厢情愿完美的推理，一切还是要从学生出发，学生的原认知究竟在哪里？只有找到它才能顺利开展教学，达到事半而功倍的效果。

二、寻找学生的知识原点

1.关于面积知识信息加工分析:以"平行四边形的面积"为例

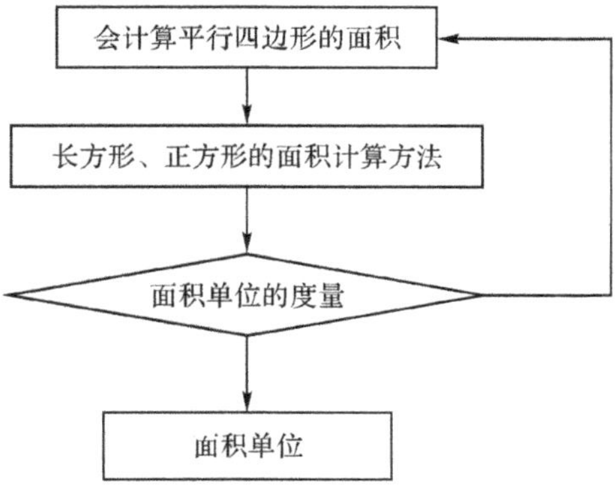

从上面的分析中,可以思考哪些知识是学生学习过的,哪些知识是学生要新学习的。通过分析我们发现计算平行四边形面积的学生原认知在于面积单位,知识的根源在于面积单位的度量。从分析中我们纠正了将长方形的面积计算作为平行四边形面积计算原认知的错误认识,因为现实告诉我们学生对长方形面积的计算公式理解已经不是用单位面积进行度量的数学表达方式,而仅仅是长和宽两条线段乘积的计算。学生对面积计算与线段长度产生一定程度上意义的混淆,知识的原点则变成了我们这节"平行四边形的面积"知识的盲点,最终导致出现根深蒂固的邻边乘邻边的错误思维,导致宝贵的前 10 分钟时间内,有两个迥然不同的教学设计都在这一环节纠缠不清,教学效果低下。

2.从本节课的难点,反思认知的原点

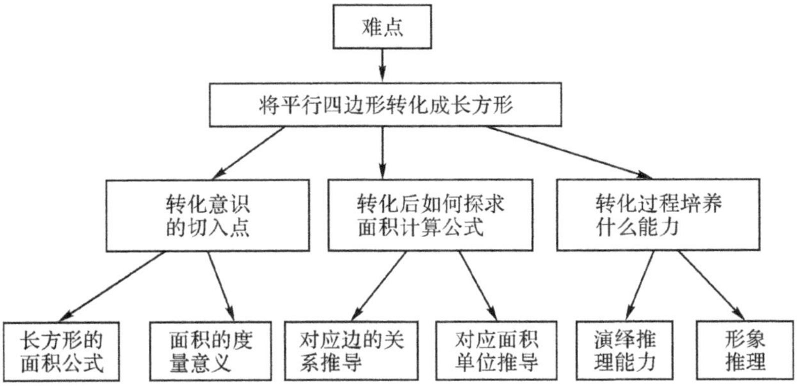

通过对难点的分析我们看到了不同的观点，两种不同的设计："长方形的面积公式—对应边的关系推导—演绎推理能力"的设计和"面积的度量意义—对应面积单位推导—形象推理"的设计。对比两种设计我们发现以长方形的面积为推导主线的方法学生难以掌握。比较中不难发现真正的知识原点是面积的度量意义。

3.从学生的直觉思维出发寻找知识的原点

概括以上两次课堂教学，我们发现学生的直觉思维对这节课的教学起着阻碍作用，冲破阻碍才能顺利进行课堂教学，提高教学效率。

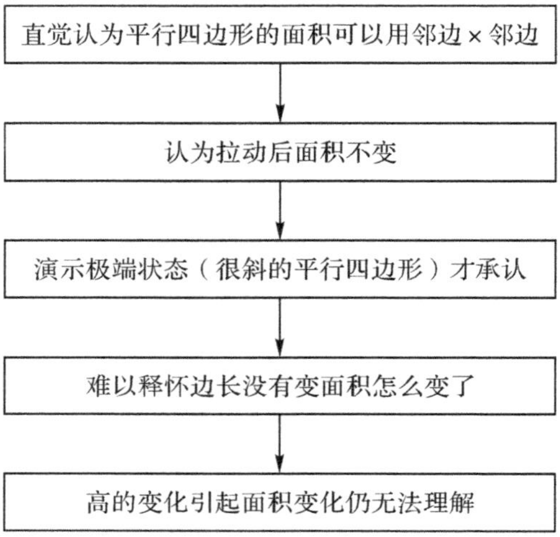

分析中我们发现依照学生的直接思维去看这节课，面积计算与线段长度的意义混淆造成了以上一连串的反应和困惑。当通过极端演示证明面积发生变化时，这种简单的否定未能从本质上（高的变化）解答学生的疑惑，学生仍旧会相信自己的直觉即面积不会变，导致后面的操作很难全员化顺畅进行。由此可看出本节课学生学习的起点，学生的原认知应该是面积度量的意义。从面积的度量来冲破学生这种以边的长短衡量面积的错误直觉，只有这个切入点才能最大化、最直观地冲击学生的直觉思维，让学生在课堂教学前10分钟的学习处于有效状态。

案例二：以知识原点为设计主线的案例

教学环节	教学设计	学生活动	时间分配	备注
引入	出示底为 4 分米高 2 分米斜边为 5 分米的平行四边形。 师：我们学过平行四边形的什么知识呢？ 师：长方形的面积如何求？	汇报平行四边形的特征平行四边形易变形能变成长方形 长×宽＝长方形面积	2 分钟	直奔主题
展开	出示长 3 分米宽 2 分米的长方形 出示 1 平方分米的面积单位 师：还记得长方形面积公式是怎么推导的吗？3 表示什么、2 表示什么？	3×2＝6 平方分米	1 分钟	电脑演示： 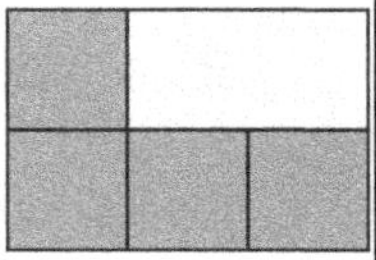
探究	师：你能用你手中的面积单位度量这个平行四边形的面积吗？ 师：为了方便测量你有什么好办法吗？	学生在作业纸上进行度量 指导学生发现为了测量方便可以把平行四边形转化成长方形	2 分钟	转化的思维水到渠成地出现在学生的脑子里。
汇报	师：说说你是怎么测量的？ （根据巡视的情况安排学生发言） 师：你这样的剪拼，面积会发生变化吗？	生：整个的面积单位摆好后发现左边多出一个三角形，多出的三角形和右边三角形正好能拼出一个面积为 6 平方分米的长方形 生：剪下来移动过去面积没有变化的	3 分钟	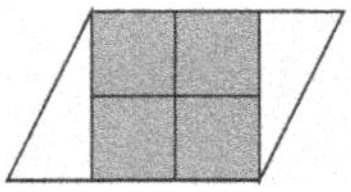
推导	师：观察图形，你能推导平行四边形面积计算方法吗？（2 种方法任选一种思考推导） 方法一：剪拼后长方形的长就是平行四边形的（　　），宽就是平行四边形的（　　），于是面积为（　　）。 方法二：底边其实可以摆（　　）个面积单位，高上能摆（　　）个面积单位，于是面积为（　　）	生：长方形的长就是平行四边形的底，长方形的宽就是平行四边形的高，由此平行四边形面积＝底×高 生：底边其实可以摆 3 个 1 平方分米，高上可以摆两个，一共摆 6 个，可以直接推理得出：平行四边形面积＝底×高	5 分钟	不同层次的学生都能主动进行转化，都能依据自己的水平进行快速地推导。

现象：

本教学设计刻意弱化了平行四边形和长方形的对应边关系上的比较，侧重突出面积度量意义的引导，使学生自觉产生转化动机，获取图形转化的直观经验和意义理解，整节课自始至终基于这一知识原点展开和深入。课例实施 15 分钟的时候本节课的重点、难点都已突破，与此同时又让尽可能多的学生主动经历了平行四边形面积的推导过程，整个过程把握了学生注意力最集中的时刻，真正体现了高质量、轻负担。

三、实施后的反思——利用学生的原认知开展教学策略

1.用知识原点澄清基本概念，确立研究视角

本节课的引入不是简单停留在学生能够回答长方形的面积计算公式上，而是通过让学生回忆长方形面积推导的过程重温面积公式的度量意义。为了充分激活学生的原认知，在课件上再现三年级用面积度量长方形的示意图，显然这样的安排不仅是要复习旧知识与激活记忆，更是要借此澄清学生头脑中原本模糊甚至错误的认知，进而使学生对面积计算的关注点从线段（对长、宽的关注）转向面积度量的本意（对单位面积排列状况的关注），以直观又清晰的方式对抗学生模糊的邻边相乘即为面积的潜意识，从而把握至关重要的前 10 分钟，紧紧抓住每个层次学生注意力的黄金期。

2.在知识原点反复体验中获取面积公式

从案例中我们欣喜地看到，当学生从度量意义的本质出发研究平行四边形的面积，即考虑有什么办法能用面积单位方便地测量出平行四边形的面积时，自然流畅地就想到割补法，实现两种图形的转化就成了学生的自觉需求和自然发现，耗时从原案例的 10 分钟缩短为 3 分钟，大大提高了效率和质量。当学生自觉地将平行四边形转化成长方形时，教师还要引导学生观察分析：为什么要转化—单位面积测量的需要—转化是否引起面积变化—用面积单位测量的还是原图。在这两层的反复体验中找一找底和高所代表的意义，推理出面积计算的公式。将面积度量的形象操作逐渐过渡到表象形成的阶段。从引入到这个关键的重点环节在课堂的教学时间为 12 分钟，期间学生进行了轻松而又扎实有效的学习，我也很高兴能体会到从知识原点出发解释数学现象的优越性。

3. 在知识原点的穿梭中发展空间观念

几何学习的目标不仅仅在于掌握基础知识，更重要的是发展学生的空间观念。本课的探究过程主要依托开始阶段课件上出现的长方形面积推导图形的知识原型，引导学生在头脑中展现图形转化与用单位面积度量的操作场景，利用学生思维层次不同的这一资源反复地将学生抽象出的“平行四边形的面积＝底×高”算法引导到运用图形进行形象化解释上，在表象、形象、抽象中来回穿行并逐渐引导学生将形象的行数排列转化成抽象的对高的认识，从而在有效的13分钟的教学时间里呈现出教学时间分配的黄金比例。

参考文献：

[1]任敏庞. 基于原型的发生式学习[J]. 小学数学教师，2011(11).
[2]皮连生. 学与教的心理学[M]. 4版. 上海：华东师范大学出版社，2012.

执笔：温州市瓦市小学　黄玮慧

谈小学数学教学中的空白艺术

【摘　要】小学数学教学中的空白细分为留白与补白：留白是相对教学程序而言，是一项教学艺术；而补白是针对解读文本而言，是一种教学能力。教师应善于运用留白与补白的艺术，使教学更具魅力，课堂更具活力。

【关键词】数学教学　空白　留白　补白

一、小学数学教学中的空白艺术

空白，在绘画、戏剧、诗词歌赋的创作中有着重要的地位。艺术作品中的空白，给欣赏者留下广阔无垠的想象空间，让欣赏者的心灵无拘无束，可以在作品中纵横驰骋，更可以在作品外自在挥洒。喧嚣中忽现的一段空白会让人感受到“此时无声胜有声”。

在教学中，对空白的挖掘可细分为留白和补白。所谓留白是指教师在课堂教学中留有思维的余地，即留几处空白让学生联想思索，主动探知和动态生成。所谓补白就是挖掘文本空白，丰富文本内容，来深化数学本质内涵。《全日制义务教育数学课程标准(2011年版)》(以下简称《数学课程标准》)中强调：应激发学生学习数学的积极性，引导学生在探究活动中学习数学。小学生应是数学学习的主人，教师如果能巧妙地把“留白”艺术运用于教学中去，就给学生提供了参与数学活动的机会，还可以留给学生心理上暂时的“空白”，留给学生思维驰骋的空间，并以此突出学生学习的过程，提高数学教学效果。

二、留白在小学数学教学中的运用

教学是一门艺术，教学也要像其他艺术形式一样讲究留白。所谓教学留白就是指将美学中的留白手法运用于教学中并以此引发学生的思索和想象，激发学生的求知欲，从而提高教学艺术效果的活动。教师有意识地留白，就是遵循艺术创作中“虚实相生”的规律，在教学时留有余地，在创造知识上、学生心理上暂时性留有“空白”，有利于追求启发思维的艺术效果。

1.留出时间的空白

教学中最忌讳的是“满堂灌”“满堂问”，学生总是被教师牵着鼻子走，根本没有自主时间去学习、去思考、去提问。教师需要留足时间让学生去对文本进行解读，引发思索，从而产生问题，进而独立思考，同桌、小组间相互讨论，并借助有效的数学方法去解决问题。教师要努力减少提问的次数、简化提问的容量，以做到精减问题，用一两个提纲挈领式的关键问题达到牵一发而动全身的效果即可。腾出时间让学生进行思考、探究、质疑、解疑，从而培养学生提出问题和解决问题的能力，激发学生学习数学的兴趣。

2.留出空间的空白

真正的学习需要空间，有空间才会有自由，而自由则预示着无限发展的可能性。翻转课堂教学模式由国外引入，与传统教学不同，它以建构主义和掌握学习理论为指导，以现代教育技术为依托，即首先由教师创建教学视频，学生在家或课外观看视频讲解，再回到课堂中进行师生、生生间面对面的分享，交流学习成果与心得，以实现教学目标为目的的一种教学形态。这就将原有的“学生从课堂中学习—回家作业—第二天教师批改作业反馈—习题讲解”这样一个至少需要两天的学习环节缩短在24小时内完成。翻转课堂最大的目的是实现学生的自主学习，打破原有课堂授课格局，打造一种离开课堂学习的教学新模式，给学生的主动学习留足了“空间”。

3.留出想象的空白

想象是人脑对已有表象进行加工改造而形成新形象的过程。想象力也是人类比其他物种优秀的根本原因。因为有了想象力，我们才能创造发明，发现新的事物定理。如果没有想象力我们人类将不会有任何发展与进步。爱因斯坦之所以能发现相对论，就是因为他能经常保持童真的想象力。牛顿能从苹果落地得出万有引力这一个科学的重大发现，就是因为有了想象力。数学活动中的想象能拓展空间观念，从而开发学生的创造潜能，激发和培养学生的创新意识和创新思维。著名特级教师陈加仓老师在一次五年级数学思维课上，抛出这样一道题：

将36块相同的小正方体拼成一个大的长方体，表面涂色，然后分开，则三面涂色的小正方体最多有(　　)块,最少有(　　)块。

我们知道,用 36 块小正方体可以拼出不同的长方体,当学生画出或摆出各种不同的长方体后,考虑问题会比较全面,问题也会迎刃而解。教师务必要引导学生进行充分想象。学生们根据长方体的体积=长×宽×高,凭想象画出、摆出不同形状的长方体,得到的长方体如图 1 至图 3,则三面涂色的正方体有 8 块;若得到的长方体如图 4 至图 8,则三面涂色的正方体分别有 16 块、18 块、22 块、32 块、0 块。这样就进一步发展了学生的想象力,拓展了空间观念。

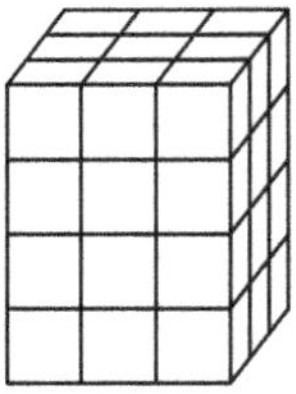
图1

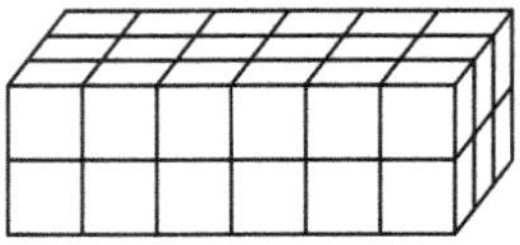
图2

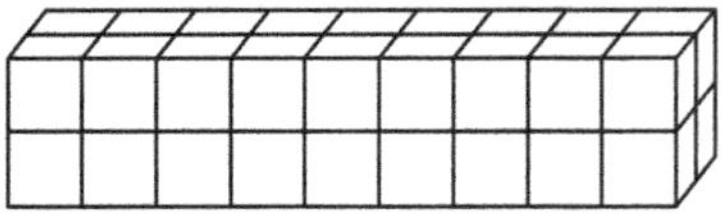
图3

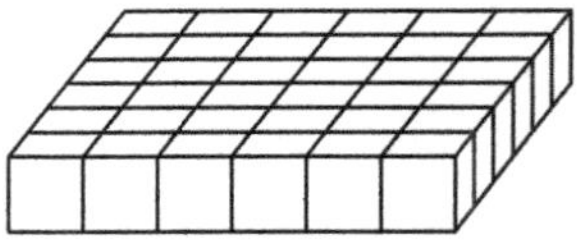
图4

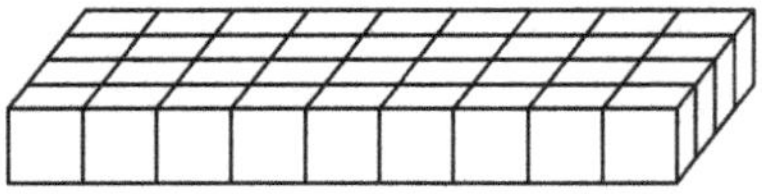
图5

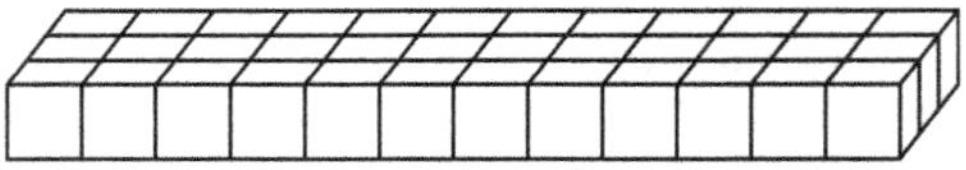
图6

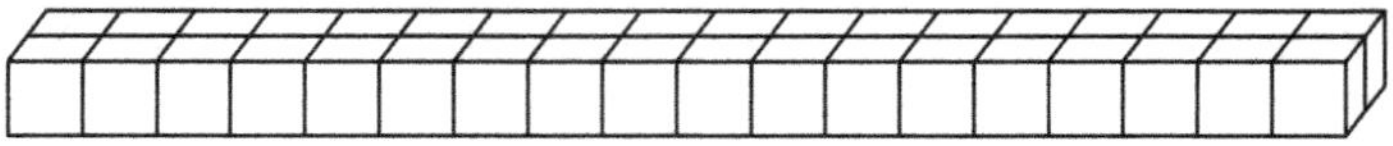
图7

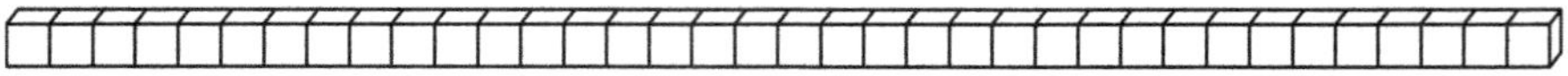
图8

三、补白在小学数学教学中的运用

“格式塔”心理学派中的“完形压强”理论认为,人们在面对不完美或缺陷,即有“空白”刺激物时,就会情不自禁地产生一种急于要改变它们并使之完美的倾向,从而引起进取、追求的内驱力,并积极主动地填补和完善“空白”。文本中的“空白”可引起学生心理上追求完整的倾向,这种对“完美”的追求一旦实现便给人以愉快的感受,能激励学生的积极性,发展其想象力、思维力。教师通过对空白的补充,去调动学生思维的主动性与积极性，学生通过自己的探索研究去获得空白处的内容，从而达到对知识的掌握。

1. 补出画面的空白

“数无形时少直觉，形少数时难入微；数形结合百般好，隔离分家万事休。”（华罗庚语）因此，在数学教学中，使数与形有机地融合起来，有助于学生有效地理解数学概念、发展数学规律、建构数学思想、发展创造性思维。笔者有幸观摩到“用假设的策略解决倍数关系问题”的同课异构的教学研讨活动，研读教材，发现修订教材的例 1 中没有了插图。

【例 1】 小明把 720 毫升果汁倒入 6 个小杯和 1 个大杯，正好都倒满。小杯的容量是大杯的$\frac{1}{3}$。小杯和大杯的容量各是多少毫升？

难道是教材的编者在编写时忘记插图了吗？而两位执教者对此的处理截然不同。

A 教师：出示例 1，补充了插图（如下图），让学生根据图画一画、想一想该怎么解决问题。

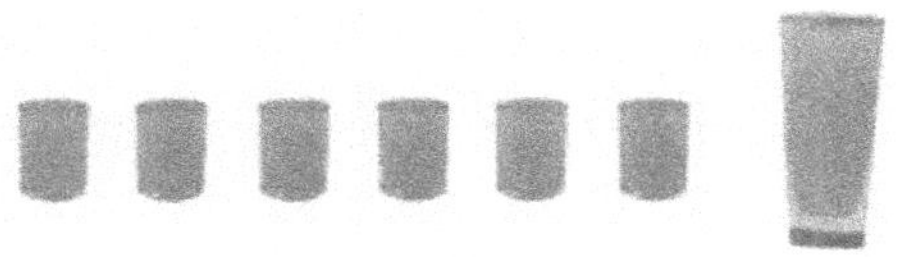

这一过程中，学生画图的积极性不高，所画的图都是以实物图的形式呈现，如下图。

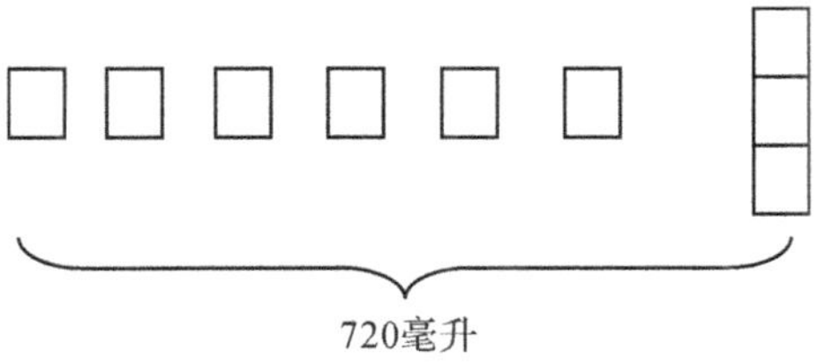

B 教师：出示例 1，让学生读题。

师：你能用图来表示大杯、小杯的关系吗？学生自主画图。

出示的学生作品中，除了丰富的实物图，还出现了线段图：

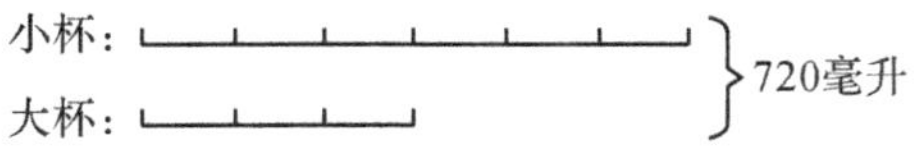

师:这位同学画得怎么样?

生:这样画能看清楚各有几份。

生:有了这个图,我们可以直接用份数来想。

细细品味教材你会发现,教材出现的解题思路中有一种方法是先画线段图再解答。如果已经有了实物图,学生还会想到画线段图吗?事实上学生在前面的学习中已经学会用画图的策略解决问题,放手让学生画图是符合学情的。教师应巧用教材留白,给学生提供自主探究的机会,激发学生的创造潜能,生成课堂教学的异样风采。

2.补出操作的空白

苏霍姆林斯基说过:“儿童的思维离不开动作,操作是智力的源泉,思维的起点。”在教学中,我们必须遵循从具体到抽象的一般认知规律,科学合理地设计教学,组织学生进行实际操作活动,对表象进行加工、提炼,在操作中得以感悟。例如,在三年级下册“长方形和正方形面积的计算”课上,教师围绕“谁用的小正方形个数最少”展开教学。

教师提供给学生一些面积是1平方厘米的小正方形纸片,带领学生测量练习纸上一个长方形面积。学生分组操作活动完成后,教师组织反馈交流,有意识地呈现出几种测量面积的方法。

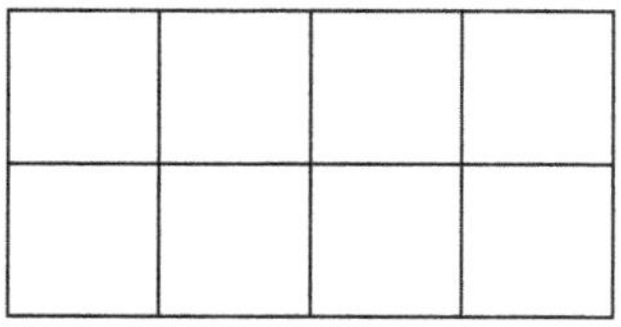

生1(边演示边汇报):我用了8个小正方形,每排摆了4个,摆了2排,面积是8平方厘米。

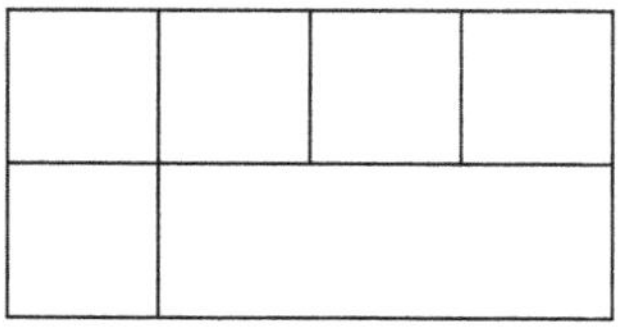

生2:我摆了它的1条长和1条宽,这样也能知道一排有4个,有2排,面积是8平方厘米。

师：大家看看，像这样摆可以吗？还有谁用的小正方形个数更少？

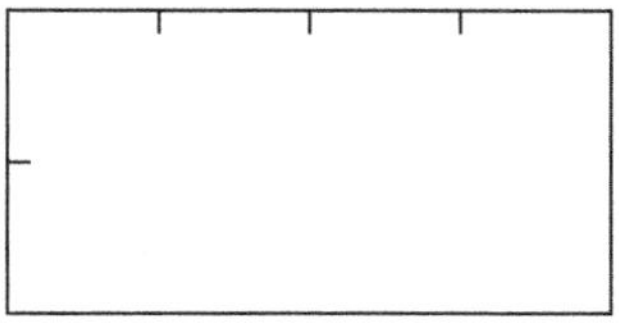

生 3：我只用了 1 个小正方形！量出一排有 4 个，有 2 排。（在生 3 发言时，还有一些学生争先恐后地举手要求发言）

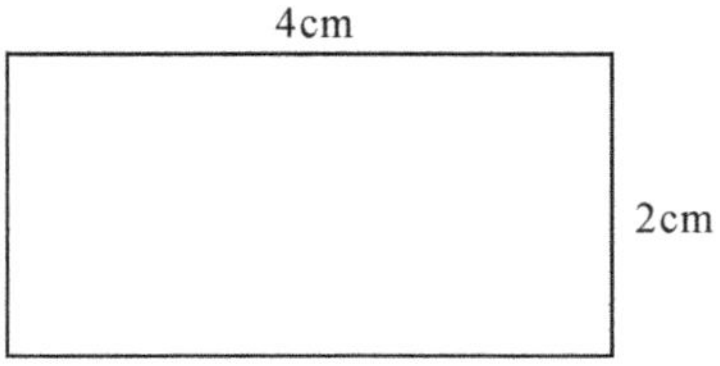

生 4：也可以一个正方形都不用。直接用直尺量出了长是 4 厘米，宽是 2 厘米就可以了。

师：大家能理解他的意思吗？还有哪些小朋友也是这样想的：先测量出长和宽，然后在脑海中想象出小正方形排列的样子？下面我们用这样先测量再想象的方法，看看另一个长方形的面积是多少，好吗？

3. 补出思维的空白

小学生好奇心强，好问“为什么”。学者将他们的问题分成了两类，一类称之为“逻辑上的为什么”，一类称之为“历史上的为什么”。前者可以利用教科书中的定义和逻辑做出回答；而“历史上的为什么”，教科书已经无能为力了。用著名数学家 M. 克莱因在其著作《古今数学思想》序言中的话来说就是，课本上字斟句酌的叙述，未能表现出数学思维创造过程中的斗争与挣扎、挫折与失败，以及在建立一个数学结构之前，数学家所经历的艰苦漫长的努力，所以历史上的为什么只能超越教科书，用数学史来回答。例如教学计量单位时，为了让学生深刻体会统一标准的必要性，教师可补充一个数学小故事：

据说很早以前，英国商人因没有统一的“尺子”，在市场交易中经常发生纠纷。一次，一胖一瘦两位大臣各自以自己的腰围为标准，测量同一块布的长度。瘦子说有十围，胖子说有七围。两人因此争执不下，闹到了皇帝那里，让皇帝进行裁决。皇帝也束手无策，两脚一蹬，晕了过去。这时，有一位“聪明”的大臣以为是皇帝伸出脚来作为“尺子”，于是急急忙忙地用皇帝的脚长来量取了这块布的长度。皇帝醒来后，得知侍臣们已经平息了这场风波，便正式宣布用自己一只脚的长度作为一“英尺”。所以，至今英语中“英尺”与“脚（足）”仍然使用同一个单词“foot”。

这些历史，让我们把握了计量单位的“前世”，因此教学也就可以不囿于计量单位冷冰冰的科学规定，而赋予儿童生动活泼地创造属于自己单位的机会。

有人说：“课堂之道，是为一张一弛。”那丰富数学课堂之道便为留白与补白。留白、补白使学生的数学学习具有节奏之美、张弛之美、意蕴之美，使数学本质凸显出它的张力——文本的张力、操作的张力、想象的张力、思维的张力、生活的张力，也使我们的数学课堂更具魅力。

执笔：温州市瓦市小学　金敏洁

小微课，大智慧

——浅谈微课程在农村小学数学教学中的运用

【摘　要】近年来，随着“翻转课堂”的出现，“微课程”作为新型的教学模式给课堂教学带来了翻天覆地的变化，这股“微”风也吹进了农村小学，作为农村小学的一线数学教师，我们该怎么面对这种课堂理念的改变，如何让微课更好地为我们的数学教学服务呢？了解我们农村学校教育的现状，选择合适的数学课程内容尝试制作微课，以及在运用中加以思考与改进成了关键所在。

【关键词】微课程　小学数学　应用与思考

一、村小“微”现状

随着科技时代的发展与进步，教学的方式也在不断地变化更新，微课程作为新型的教学模式给课堂教学带来了翻天覆地的变化。所谓的“微课”指的是：根据新课程标准和课堂教学实践，以教学视频为主要呈现方式，反映教师在针对某个知识点或环节的教学活动中所运用和生成的各种教学资源的有机结合体。

2015 年 4 月我参加了“微课程”的培训，培训中我们观摩了利用微课生成的翻转课堂，学习了如何利用软件制作微课。微课程的优势非常明显，特别是在体现学生的自学能力，对当天授课内容重、难点的突破和理解，以及学生作业的反馈等方面表现得尤为突出。从此“微课”这个词就像微电流一样不时在我脑子里闪现，引起了我深深的思考：微课程颠覆了传统的先教后学的教学模式，把知识点的认识放在课堂教学之前，把知识的内化过程体现在课堂交流之中，这样的教学结构能否在我们农村学校顺利实行呢？

首先从硬件方面来讲，目前农村小学的建设并不亚于市区学校，功能室、网络设备齐全，从硬件设备来说只会越来越齐全。我们的老师也在积极参加微课培训和学习，然而我们的学生以外来务工人员的子女居多，这样的教学模式他们能接受吗？家长能配合吗？

为此我们做了个小调查。在教学一年级下册“找规律”一课时，我们制作了相关教学视频，时长约4分钟，在学习新课内容之前通过微信群的形式传递给学生家长，并发下学习任务单，在一年级两个班级进行测试，结果如下：

班级	班级人数	视频观看人数	观看率	任务单完成率	任务单正确率
一(1)班	39	36	92.3%	97.4%	64.1%
一(2)班	38	34	89.4%	94.7%	57.9%

从表格数据中我们不难发现，虽然学生以外来务工人员的子女居多，但家长对孩子的学习重视程度还是相当高的，除极个别学生是由爷爷奶奶照顾无法使用手机微信观看以外，绝大部分家长都能熟练运用微信的方式接受这种新型的教学模式。但从任务单的完成情况来看，家长自身的素质还有待提高，虽然能督促孩子学习，但在学习的指导方面还不尽如人意，这也是我们老师需要重视的地方。

二、微课“微”什么

微课的使用确实改变了我们的传统课堂，然而是不是所有的课程都适合制作成微课呢？尤其是我们数学学习。数学是一门知识呈现螺旋式上升的学科，有许多内容可以通过学生的迁移与类比、猜想与验证、交流与辨析等数学思想来完成。一些比较简单的知识点，可以利用以前学习过的知识和方法来完成，而这个学习的过程也正是学生思维得到发展的过程，没有必要做成微课。比如一年级下册“20以内退位减法”这一单元，当学生掌握十几减5、4、3、2的内容后，教材后面的十几减8、7、6和9时就可以利用破十法、连减法等方法来自行思考，这个时候就是学生思维的自我发展时刻，就没有做成微课程的必要了。

那我们的数学课堂到底“微”什么，哪些课程内容适合运用微课程呢？以下浅谈我个人的一些观点：

1. 概念性的知识点

小学数学中的概念描述比较抽象，尤其是对低年级的孩子来说存在一定难度。然而在概念教学中如果能运用课堂演示、微课程观看等多种教学方法，突破固有的传授概念性知识点的教学模式，就可以有效提高学生对概念的认识和理解能力。

比如二年级上册“认识时钟”的教学，为了让学生得到“1 小时＝60 分钟”的结论，我们利用 PPT 录屏的方式设计了一段微课。微课先要求学生观察钟面，引导学生观察钟面上有 12 个大格、60 个小格，分针走一圈是 60 分钟；然后要求学生动手拨指针，在分针转一圈的同时观察时针的变化；最后得出分针走一圈时针走一大格的结论。这段微课程作为课前自学环节设计，学生可以多次观看，通过微课程的层层引导，在观察、动手和思考中初步理解掌握相关的知识点，然后课堂上就可以让学生自己来演示并通过小组研究得出结论。这样的概念性学习比学生自己看书预习再到课堂上听老师讲解的效果要更加明显。当然概念性的微课我们也可以放在课后，学生在课后习题过程中也可以通过观看微课程对概念性的知识点加以巩固。

2. 过程性知识点

我们的数学课堂要呈现给学生的是结论性的知识点还是过程性的知识点，这要视教学具体内容而定。但作为老师我们更应该关注的是课堂上是否能让学生主动探索，学生能否积极主动参与学习并自己得出结论。学生学习的过程，既是一个认知的过程，又是一个探索的过程，从某种意义上来说也是发现和再创造的过程。所以我们应该保证这样的过程性教学内容教之有效、学之有效。比如在教学一年级下册“100 以内加法和减法（一）”单元中两位数减一位数的退位减法时，教学例题“36－8＝?”，我们会在课堂上通过摆小棒、PPT 演示、学生动手操作等方法让孩子参与计算过程，体验两种不同的计算方法。

但这对于后 20％的学生，尤其是那些课后没人指导、课堂讲解讨论无法参与的学生来说是有一定的难度的，这个时候我们就可以录制一段“两位数减一位数（退位）”微课。微课中学生边摆小棒边讲解计算过程，方法一：将一捆小棒拆成 10 根，从 10 根中拿出 8 根，剩下的 2 根和原来的 26 根小棒合起来是 28 根；方法二：将一捆小棒拆成 10 根，和外面的 6 根合在一起是 16 根，从 16 根里拿出 8 根，再将剩下的 8 根和原来的 20 根合在一起是 28 根。

这样就在很大程度上指导了家长如何去辅导孩子计算并弄清算理，即使没有家长辅导，这些孩子通过观看算理微课程也能学着自己摆一摆小棒，很清楚地了解计算过程。

在同一个老师任教的两个班级中，我们抽了一个班级在课后观看“两位数减一位数（退位）”微课程，另一个班级正常教学，并进行检测（两个班级平时口算水平相当，被测50题，满分100分，其中90分以上为过关）：

班级	教学模式	班级人数	口算过关人数	过关率
一(1)班	常规教学＋课后微课程观看	39	37	94.9%
一(2)班	正常教学	38	32	84.2%

检测结果表明，观看微课程的班级孩子口算过关率比正常教学的班级高了约10%，排除班级孩子个别水平差异的特殊原因，我们不难看出微课程在解决算理等过程性知识点的教学内容上对教学还是有一定帮助的。尤其家长反馈这样的过程性微课指导让自己轻松了许多，在家也能自行指导孩子学习。

3.教学中的重难点

要想上好一堂数学课，唯一的办法就是深钻教材，抓住各章节的重点和难点，如此，备课时才能根据知识的特点和学生认识事物的规律取得事半功倍的效果。微课程的设计也能为教学时突破重点和难点提供有利条件。比如在教学二年级上册“角的初步认识”单元中，学习角的大小比较是这个单元的学习难点，在设计微课程时首先就从两只鳄鱼比较嘴巴大小的问题引入，让孩子们从生活中找到角，并在将两个角重叠后发现，角的大小与边的长短无关，与边张开的大小有关；然后设计让孩子们自己摆出两个角，并且比较两个角的大小。这个环节录制了两个孩子比角的过程，让孩子们一边观看一边学着操作。这段微课程我们是设计放在课前观看的，并给每个孩子学习的任务单，在家观看微课程以后，每个孩子不仅仅是看，还学会了操作，甚至带着任务去总结。这样的学习无疑为解决难点提供了便利，课堂上教师只用稍加点拨，整个课堂的主体都将回归孩子。

4.课后知识点巩固

课后习题是对所学知识点的巩固和提升，我们教师一般会对学生讲作业要求，但是对于学生尤其是低段学生来说是不能把全部要求都记下来的，这时教师不仅可以将作业要求在微课中讲给学生听，还可以配上正确的作业图片示例给学生观看。有了这样的微课，孩子在家可以反复观看，效果比教师一遍遍地重复讲要好。比如在期末复习中，一年级要求口述解决问题的过程，总有那么一部分孩子会算不会说，这让老师很是头痛，在学校讲了一次又一次，可是家长不知道怎么去指导孩子说，一回家又会忘记。这个时候我们设计解决问题的微课程，并录制孩子们自己解说的过程，通过微课观察，孩子们可以在家反复练习，不仅会算更学会了怎么把解决问题的过程说清楚，起到了事半功倍的效果。

当然微课还可以运用到很多的教学环节中，比如课前、课中、课后，不同的教学设计使用微课的效果都是不一样的，我们不能因为微课而微课，而应该更多地去思考好的教学思路，让微课为教学服务。

三、我们“微”思考

1.“微”思考与转变

微课的出现改变了传统的教学模式，然而我们的农村学校不仅学生流动性较大，教师的流动性也很大，因此我们的老师对微课虽有了解但也不能深入做调查研究并合理运用。同时农村学校经常会缺少专业老师的指导，这也考验着教师们自我学习和提升的能力。然而越是有困难就越需要我们去克服，目前最值得我们思考的是我们对微课程的认识还处在初始阶段，很多操作性的问题还在迷茫当中，需要通过大量的学习和借鉴才能使微课程真正在教学中发挥作用。作为教师我们不能像课堂上讲解新知识一样来制作微课，这样对于孩子来说是毫无意义的，哪些微课程可以放在课前，哪些放在课中，哪些放在课后，都要经过精心的设计和思考。

同时我们应该改变自己的思维模式，不能为一时的热潮和功利而微课，而应该多思考、多看书、多出去学习，不仅仅局限于微课的开发与研究，更应该放眼远处、放眼未来，多从家长和孩子的角度去思考微课，选择合适的课程做成微课，让微课为我们的教学服务，而不是成为老师们教学之余的累赘。这样才能让我们的农村学校从“微”热走向火热，走向更美好的未来。

2.“微”团队与合作

微课程不仅仅是将简单的一段视频播放给学生看，然后让学生自己学习。一段微缩在3～5分钟内的教学环节、一个知识点或一个难点，需要老师们课前做好充分准备、精心设计课程、编制任务单、录制微课程、传递分享、重视自学微课后的反馈以及对传统课堂内同的调整等。这一系列的过程要花费大量的时间、人力和物力，绝非一朝一夕、一个人的力量可以完成，这就需要一个团队一起去思考研究。

教师设计微课的过程就是对教材充分研读的过程，一个好的教师团队就是在不断地研读中磨出好的思路和火花，设计出适合课程的微视频、自学任务单、前测、后测以及相关的练习。而在微课与课堂融合的过程中，体现的是学生对重点的再呈现、再突破，此时教师对课堂的掌控能力、对小组学习状况的调节能力，对学生之间的讨论、争辩、质疑、动手操作等的组织能力都受到了前所未有的考验，因此团队的磨合、调整就显得尤为重要。此外一学期的课程内容非常烦琐，团队的分工合作才能形成资源库，通过分享微课内容、交流微课心得，使得我们在微课的研究上更上一层楼。

农村小学由于家长长期务工、工作繁忙，因而无暇顾及孩子的学习，有些家长由于自身教育水平有限，对孩子的指导更是无从下手。我们想让微课成为新的教育模式走进孩子的学习中去，一定要选择合适的方式，研究哪些数学课程适合制作成微课来为我们外来民工子弟的孩子服务，哪些微课适合让那些无人关注的孩子也能学习，如何让外来民工子女养成自学的能力，如何让孩子们的家长跟孩子一同学习、乐于接受我们的新课程理念和新的教学模式……这些都是值得我们去探究的。总而言之，微课程的制作和研究以及开发和应用，其目的都是更好地服务课堂、更好地服务课程，我们老师应该把微课作为一种教学手段合理地运用。虽然微课在我们农村学校才刚刚起步，但我们应该本着为孩子、为家长着想的原则，设计出适合我们农村学校教学模式的微课程，让微课处处发挥微热并在课堂上发挥大作用，展现出我们农村学校老师们热衷学习和研究的大智慧。

参考文献：

[1]蔡跃.微课程设计与制作教程[M].上海：华东师范大学出版社，2014.

[2]陈兴瑜.微课在小学数学中的应用[J].数学学习与研究，2015(8).

[3]中华人民共和国教育部.义务教育数学课程标准[M].北京：北京师范大学出版社，2012.

执笔：温州市鞋都三小　吴加加

对提高小学高段学生数学阅读能力的研究

【摘　要】新课程对学生的学习能力要求越来越高，数学阅读能力是学生学习数学的核心能力。但在实际教学中教师往往把重点放在自己要吃透教材、钻研教材上，而忽视了要让学生阅读教材、理解教材。本文从高段小学生数学阅读能力的现状出发，通过指导有效的数学阅读方法和开展丰富多彩的数学阅读活动，来增强小学高段学生对数学阅读的兴趣，提高他们的数学阅读能力。

【关键词】数学阅读能力　数学阅读方法　数学阅读活动

一、小学高段学生数学阅读的现状

当前，教师很重视自己要吃透教材、钻研教材，而忽视了要让学生阅读教材、理解教材，出现了教学活动中的单边发展，不利于课堂教学效果的提高。

在教学中经常发现有个别老师整节课不让学生打开课本，认为学生看了课本后，什么都知道了，没什么可探究的。有的老师虽然重视预习，也布置了阅读作业，然而对学生的预习效果却很少检查，也很少有学生回头审视、反思自己阅读上的收获，自以为读懂了，课堂上听不好甚至不去听，结果预习反而影响了上课。还有的老师在离下课还有几分钟时，会告诉学生，今天我们学的知识在课本第几页，请大家看一下以后，就做课后的习题。于是学生纷纷打开课本，把例题看一下后，便埋头沙沙地做起作业来。学生把阅读教材当作软任务，匆匆过场；把做课后习题当作硬任务，认真落实。久而久之，课堂上学生阅读教材成了一种形式，只是走过场，数学课本成了摆设，成了学生做习题的作业本，失去了教材的自身价值，而学生的数学阅读能力也无法得到提高，在遇到需要深入解读的题目时往往不知所措，学生的自学能力得不到长远的发展。

二、提高小学高段学生数学阅读能力的探究

1.培养学生有效的数学阅读方法

数学是一种语言。数学阅读过程是一个完整的心理活动过程。但数学语言的符号化、逻辑化、严谨性及抽象性等特点，决定了数学阅读必须勤思多想、读写结合。这对高段小学生而言，不是轻而易举就能够掌握的，必须依靠教师对数学阅读方法的有效指导。

(1)引导归纳，一目了然(归纳法)

即把学习材料进行梳理与归类，使知识整体的层次和结构一目了然，既深化理解又便于记忆。学生阅读时，指导他们从整体阅读、句段分析、简缩概括等环节入手，着重引导学生有序、准确地获得文字所表达的意思，并用恰当的数学语言概括出来，即弄清“讲的是什么，怎样讲的”。

案例:“十进制计数法”

教材中的“十进制计数法”部分通过对计数单位、相邻计数单位的进率、记数的符号——阿拉伯数字、数位和位值原则、数位顺序及数的分级等知识的具体阐述，明确了“十进制计数法”的内容规则。学生往往弄不清楚教材到底给他们呈现了怎样一个系统的知识。

分析:首先要求学生通读这些文字，使之对材料所表达的内容有一个初步的感知。然后讨论这部分内容是分几层来表达的，引导学生按计数单位与进率、数位与数位顺序、数的分级的顺序将教材分层理解。在此基础上，要求学生用自己的数学语言概括出每一层的内容。这样，通过阅读并伴随一系列分析、概括等思维活动，学生对“十进制计数法”就能有较为全面、准确的理解。

(2)精密分析，把握内涵(分析法)

数学教材中概念、性质、法则、公式以及解题方法和操作步骤的表述，由于其自身特点往往要求学生具有更高的严密性与逻辑性。因此，在阅读的前提下，要对它们的遣词用字、表达方式进行反复地推敲、分析、比较，帮助学生逐步弄清结论成立的条件，准确地把握结论的内涵。

案例:“分数的基本性质”

在教学“分数的基本性质”时，教材的呈现是这样的:“分数的分子和分母同时

乘以或除以相同的数(零除外),分数的大小不变。"学生往往只知其一,要学生真正读懂、理解这个基本性质的内涵并不容易。

分析:学生阅读后,可从以下几个方面引导他们进行分析:

①结论中的"同时"是什么含义?删除"同时"结论还成立吗?

②为什么要同时乘以或除以相同的数?如果同时乘以或除以不相同的数会怎样?由此引出,分数的分子和分母同时加上或减去相同的数,分数的大小是否发生变化?

③零为什么要除外?

这样紧扣结论,细琢磨、深推敲,不仅解决了学生心中的"为什么",而且也能使学生领悟到蕴含其中的数学阅读方法。

经过这样的分析,对实验班和对照班进行了一次"分数的基本性质"的练习检测(习题见附件),两个班呈现出显著的差异。

采用分析法教学实验对照表

班级	人数	指导方法	练习检测的正确率
实验班	48	采用分析法	91%
非实验班	50	指出要认真读题	72%

(3)融会贯通,把握联系(融会贯通法)

数学知识是相互联系的,新旧知识之间总保持着某种内在的一致性,这直接关系到学生认知结构的形成。在进行数学阅读教学时,要善于从一般原理的高度去认识新知识,从知识系统的角度去把握新材料,深入思考,才能避免只言片语的肤浅印象,减少思维的盲目性,真正理解教材所包含的严密的逻辑关系,从而提高理解的层次,增强解决问题的灵活性,并促使学习方法从单向平面化向多元立体化转变。

案例:"异分母分数加减法"

教材在出示例题"计算 1/2+1/3"后,有一段启发性文字:它们的分母不同,就是分数单位不同,不能直接相加,要把它们转化成同分母分数才能计算。学生阅读后,对"分数单位不同,不能直接相加"的实质含义并不理解。

分析:引导学生联系已学过的整数、小数加减法的计算法则进行思考:整数的加减法中,"数位对齐"是什么含义?小数加减法中,"小数点对齐"的含义又是什么?从而使他们认识到“数位对齐”“小数点对齐”的实质都是指相同单位的数才能直接相加减这一知识点，这与教材中所提示的内容在算理上是一致的。在此基础上，再通过课件演示，把“1/2”与“1/3”直接合在一起，其结果不能看出是用哪个分数来表示，正好引导学生验证上述推理。像这样融会贯通地阅读思考，不仅能使学生在新旧知识之间建立起实质性的联系，而且还增强了他们灵活运用知识解决问题的能力。

2. 开展丰富多彩的数学阅读活动

数学阅读具有阅读的一般要求，即注重读的形式和对字、词、句、段的理解，注重对语义的品味和语言的表达等。但是，数学语言又具有其特殊性，它高度抽象、表述精确、逻辑严谨，这就给高段小学生的数学阅读带来了一定的难度。因此，在教学中，要引导学生边阅读边积累数学语言。

(1)丰富表达形式，开拓学生的思维。

语言的灵活性就是从不同的角度来表述问题的能力，也是智力活动灵活程度的体现。在教学中，经常有意识地训练学生从不同角度分析同一问题，这样便于学生进行有效阅读，掌握解题方法，提高解决问题的能力。

案例:“换句话”训练

让学生学会把一种数量关系“换句话说”，就能使题目的条件变得更加直接，使已知量与未知量之间的关系一目了然。经常做这种“换句话”的练习，可以提高学生的数学阅读能力，增强他们的审题水平和分析能力。

在采取“换句话”训练的实验班和一般教学的对照班经过问卷调查发现，两者的数学阅读能力和阅读思维有很大差异。

检测题：某学校有学生 900 名，女生人数和男生人数的比是 4∶5，这个学校男女学生各有多少人?

要解决这个问题的关键是弄清“女生人数和男生人数的比是 4∶5”这个条件。于是，采取问卷调查的形式让两个班各 50 名学生写出题中的关键句可以有几种“换句话”的表述。

两班“换句话”情况对照表

学生换句话的不同表述	实验班学生出现率	对照班学生出现率
男生人数和女生人数的比是 5∶4	100%	96%

续　表

学生换句话的不同表述	实验班学生出现率	对照班学生出现率
女生人数是男生人数的 4/5	100%	84%
男生人数相当于女生人数的 125%	48%	18%
女生人数是男生人数的 0.8 倍	36%	10%
男生人数比女生多 1/4	22%	2%

(2)书由薄到厚,再化厚为薄。

教学新单元之前,指导学生浏览本单元的每道例题,比较了解新单元的知识体系,然后再逐题分析,这样能更有效激发他们的阅读兴趣。

如在教学完加减计算单元后,可以让学生先自由编题。学生编的题目里有进位的、不进位的,有退位的、不退位的,还可能有整十数加减等不同的情况。教师让学生先计算,再按不同的标准进行分类,并说说自己分类的理由,从而形成知识点的网络图。高年级的学生可以自学概括,自主地根据本单元所学内容,用自己喜欢的形式画出知识结构图。学生一般会使用表格、集合图、括线图等。学生把概念之间的逻辑关系表达出来后,教师再进行集体点评。在点评过程中,通过分析、比较、归纳,把零碎的、孤立的知识有机地联系起来,最终学生头脑中就自然地生成一张清晰的知识网络。在这样的浏览和整理过程中,学生实际上是经历了把书"读厚"再"读薄"的学习过程。

"教学有法,但无定法"。在教学过程中,要通过各种途径发掘知识的内在联系,运用数学本身的魅力,精心营造数学阅读氛围。要善于激发孩子们的学习兴趣,让他们掌握分析技巧,储备学习能量。这样,在和谐的师生互动下,听课就能成为学生期盼的一种心灵享受!

三、研究的成效与思考

1. 提高学生数学阅读能力有效方法的研究思考

阅读是理解的前提。学生不会阅读,自然就难以理解。阅读能教会他思考,而思考会变成一种激发智力的刺激。教学时既要重视对教材本身的阅读理解,也不能忽视对课外数学读物的阅读理解,如可以让学生阅读一些有关数学家的故事,让他们对数学和数学家有新的体验。也可以让学生阅读一些数学小知识，如加、减、乘、除的来历等，让学生体会到数学的趣味性。还可以让学生通过阅读一些有关数学的科普读物和数学的名题、游戏等，使学生更喜欢数学，愿意与数学交朋友，并从中学到数学知识。既要加强学生对数学材料整体的感知理解，又要加强对数学节点的精确理解与解读。要灵活变换数学阅读材料的呈现形式，不断激发学生的求知欲望，提高学生的思维能力和对知识的感受能力。

2. 学生数学阅读兴趣、数学精神的研究思考

数学阅读能力的培养是一项长期的循序渐进的过程。通过数学阅读的实践使学生明白数学新旧知识的联系，学会举一反三，提高学生触类旁通的能力，促进学生养成认真审题、仔细读题的良好习惯，让他们体味到数学问题虽然是千变万化的，但很多问题有共同的规律，很多知识具有内在的联系。数学阅读能力的培养可以使学生对数学材料的梳理与归类的能力明显增强，所获得的数学知识的整体性和层次性更加清晰。这种培养优化了学生的认知结构，使他们明白数学知识是相互联系的，新旧知识之间总保持着某种内在的一致性，并善于从一般原理的高度去认识新知识，从知识系统的角度去把握新材料，融会贯通地深入思考，避免只言片语的肤浅印象，减少思维的盲目性，真正理解教材所包含的严密的逻辑关系，提高理解的层次，增强解决问题的灵活性，促使学生的学习方法从单向平面化向多元立体化转变，达到学习数学方法的最优化。同时，经历了数学阅读的深入实践，学生的头脑中始终有着清晰的数学概念之间的逻辑关系和清晰的知识网络构建图，学生就不会惧怕数学问题，相反，学生对数学学习的兴趣和自信心日益增强，便可养成不怕困难、敢于攻克、勇于实践、善于创新等优良的数学品质和数学精神。

参考文献：

[1]陈国华. 谈学生数学阅读能力的培养[J]. 福建教育，2007(12).

[2]张亚琴. 精心营造数学阅读氛围[J]. 新课程研究，2009(5).

[3]沃建中. 小学数学教学心理学[M]. 北京：北京教育出版社，2001.

执笔：温州市黄龙二小　吴洁璇

“数”到“用”时怎“无用”

【摘　要】数学来源于生活，存在于生活，应用于生活。然而现实却是学生学了数学，在需要用数学解决生活中的数学问题时，却感觉“数”到“用”时竟“无用”。文章浅谈怎样让学生在已有的生活经验和知识背景中学习数学，培养学生应用数学知识解决实际问题的能力。

【关键词】应用　实践活动　生活

记得我在一次数学课上出了这么一道实践题：国庆期间有两家专卖店同时降价销售。第一家店里的衣服标价为 65 元，但是出售牌上却写着：“买一件 65 元，若买第二件半价。”另一家的标牌上写着“店里所有的衣服半价”，而衣服的原价是 85 元，当然，价格是高了一些，但却是半价的。如果你需买两件衣服，请你运用乘法、减法和百分数方面的知识选择花费最少的方法。这道考查学生解决实际问题能力的题全班的得分率只有 40.8%。

我纳闷，数学本来源于生活，存在于生活，应用于生活。然而现实却是学生学了数学，在需要用数学解决生活中的数学问题时，却感觉“数”到“用”时竟“无用”。《数学课程标准》明确指出：“义务教育阶段的数学课程，不仅要考虑数学自身的特点，更应遵循学生学习数学的心理规律，强调从学生已有的生活经验出发，让学生亲身经历将实际问题抽象成数学模型并进行解释与应用的过程，进而使学生获得对数学理解的同时，在思维能力、情感态度与价值观等多方面得到进步与发展。”为了适应现代教育的要求，遵循《数学课程标准》理念，教学中应努力构建来源于生活—提炼为数学—应用于实际—实践中创新的数学教学模式，让学生感悟生活—数学的巨大魅力，以唤起学生亲近数学的热情，同时提高学生的数学意识和实践能力，开发学生的潜能。

新一轮的课程改革着眼于学生未来的发展，特别强调了数学的实用性问题。尤其是小学数学，在生活中到处都能找到它的原型。生活中的购物问题、就餐问题、存款利息问题、租车问题等都与实际密切相关。这种探索活动增长智慧，又增长才干，还能使思维不断深化。但在实际的课堂教学中，很少讲知识的来源和实际应用，学生的应用意识淡薄。即使是应用题教学，也缺少了“应用味”。绝大多数都是凑好数据编好题型直接塞给学生的。学生做了千百道应用题，还是只会按类型解题，不懂得怎么应用。既不知道数据从哪里来，又不知道解决某个问题需要哪些数据、怎样获得数据。很多学生只在课堂内、考试时感到数学有用。而走出课堂，离开考场，几乎感觉不到数学的存在。归根结底，原因在于：首先，学生解决实际问题能力差，不能将数学知识用于解决生活问题，像前面的例子足以说明这个问题。再者，学生的数学应用意识弱：学生做题时，计算出来的结果与实际生活不相符，而学生对于算出的结果往往缺乏思考，一旦算出结果就万事大吉，很少顾及结果是否符合生活实际。例如：要过年了，张师傅从邮电局给家中汇款 500 元，按照规定，汇费是汇款的 1%，张师傅应付汇费多少元？有些学生算出的结果是 $500\div1\%=50000$ 元。诸如此类的笑话都反映了一个问题：学生学的是数学知识，他们没有把数学与生活相联系，学生的数学应用意识还有待提高。

以上情况说明，学生学会了数学知识，却不会解决与之有关的实际问题，这就造成了知识学习与知识应用的脱节，学生感受不到数学的趣味与作用，这对培养学生数学应用意识和解决实际问题的能力是很不利的。在小学数学教学中，教师过分重视数学知识的教学，却很少关注这些数学知识与学生的实际生活有哪些联系。那么怎样让学生在已有的生活经验和知识背景中学习数学，培养学生应用数学知识解决实际问题的能力呢？

一、加强认知领域的实践活动

运用实例创设情景。如：在低年级教学“元、角、分”时，认识了元、角、分是人民币单位和它们之间的关系后，根据书本要求，教师创设了一个游戏：模拟了一个商店，请一名小朋友当售货员，其他小朋友是顾客，用人民币教具来买东西。在轻松活泼的教学氛围里，学生愉快地巩固了知识，进一步认识了“元、角、分”三者之间的数量关系，并在情境中提高了应用数学的能力。

又如：在“射线与角”一课中，学生通过数学猜想、实践验证后明白了从一点出发可以画无数条射线。从知识性目标来看，很清楚，这一目标已达成。但在开放式课堂教学研究中，我们加强了发展性目标的挖掘。于是设计了这样的教学环节：

师：请大家仔细观察所画的图，张开想象的翅膀，我们所画的图像什么？

生：像秋天盛开的菊花，也像节日的时候在空中绽放的礼花。

教师评价：多美呀！数学中蕴含着美，只要我们善于去发现，善于去创造。（这里教师有意识地引导学生将数学与美联系起来，以陶冶学生情操，激发学生学习的兴趣。）

生：像某个城市通向世界各地的航线图、铁路线、电波。

教师反馈：是呀！数学知识在实际生活中是有用的！（这里，教师有意识地将单调的数学知识与丰富的生活现实联系起来，以培养学生的数学应用意识。）

……

这样的教学活动，在培养学生创新精神方面可能微不足道，但只要有这样的意识并坚持不懈地加以实践，一定会有所收获。总之，在目标整合的开放式课堂教学中，课堂就是社会，课堂就是生活的缩影，要让我们的孩子体验、认识到许多与数学知识相关的东西，不仅使他们数学学得好，而且也为他们到社会上去成为各行各业的成功者打好数学之外的基础。这样的数学课堂，孩子们喜欢！

二、组织好模拟性的实践活动

在进行“平面图形复习”时，我对学生说：“我准备购买一套新房，请同学们替老师想想：首先应该考虑哪些问题？希望同学们利用数学知识为我出谋划策。”学生说：“要知道房价，考察地理位置，交通情况，可使用面积，小区物业管理等。”然后我出示房价让学生根据房屋基价及楼层差价等计算总价。接着我又创设了这样情境：“老师买好房子以后，为了美观和舒适，我准备给房子的地板进行装修，你有什么信息可以提供给我？”由学生介绍温州木地板的市场调查。我诚恳地问学生：“我最好选择哪一种木地板？为什么？你能用数据说明吗？”然后请各小组的同学合作探讨，拿出一个可行的方案，到实物投影仪上展示。从这个案例可以看出，如果仅仅让学生计算房价，其实只是培养学生的计算能力，而对培养学生应用数学技能并没有帮助，反而束缚了学生的思维发展，解决实际问题的技能得不到提高。只有将数学问题生活化，生活问题数学化，才能更好地培养学生应用数学的技能，发展学生的创新思维。这样可以让学生从生活中学，激发学生学习的兴趣，提高解题的技巧,培养学生根据实际情况来解决问题的能力,进而培养学生的创造性思维。

三、提倡参与社会性的实践活动

在学生学了“24 时计时法”及“小数乘法”后,我设计了一节活动课,要求在活动中安排好时间问题和设计好采购方案:

1. 调查:以小组或个人为单位,到超市、菜场或网上收集了解市场的食品价格、主副食品的搭配及来回路线的安排等有关资料。

2. 统计:根据收集到的有关资料设计好采购方案并以表格形式列出来。

3. 总结:完成实践报告撰写。

4. 经验交流:利用一节课外活动时间,选择几份较好的实践报告进行交流。

在活动课中,每个学生都是问题解决的小主人,他们情绪高涨,积极主动地制订方案、探讨存在的问题、提出各自的见解。学生在活动中既增长了见识,又明白了实际生活中面临的一些问题,真正了解了数学“源于生活,又用于生活”的真谛。

四、鼓励参加综合性实践活动

“五一”节快到了,老师准备花 1500 元钱到上海旅游 3 天,但不得超过 3 天,回家不能超过晚上 10 点,你能帮助老师设计一份详细的旅游方案吗?让学生查找温州到上海的火车、汽车、轮船、飞机时间表和票价,旅游点的门票价,制订旅游计划,鼓励学生进一步查找资料。同时,要求学生到生活中去发现、去探索,去增强数学的应用意识,提高数学的综合应用能力。于是,学生们都成了生活的有心人。有的学生每天对天气进行观察,收集、分析空气的湿度、气温、风力、风速、风向、空气污染的指数等数据;有的利用上学、放学、节假日时间,在马路边实地观察、收集、分析时间、车速、流量、方向、交通信号以及行人的反应等数据;有的到公园、广场等地观察,收集花草树木的类别、种植和分布等数据情况,分析这些情况对环境、对生活的影响等。通过这样的教学,不仅调动了学生学习数学的积极性,而且使学生体会到了创新来自实践的道理,同时也培养了学生应用数字和运用网络的能力。

在这新一轮的基础教育改革中,我深刻地体会到:教学中教师应该结合生活实际,抓住典型事例,教予思考方法,有意识地把学生数学学习活动与日常生活紧密联系起来，让学生感受到数学与生活如此贴近，体会到学习数学是为实际生活服务的。让学生真正感知到“数”到“用”时不“无用”！

执笔：温州市瓦市小学　朱玲

关注学生的发展，让数学课堂充满活力

【摘　要】“以人为本”是时代的需求，课堂教学也应体现人本思维，更加关注学生的全面健康发展，让课堂成为学生个性发展的天堂。本文以数学教学实践为例，从关注学生自我需求的发展、关注学生情感品质的发展、关注学生个性品质的发展三个方面进行了积极的探索。

【关键词】自我需求　情感品质　个性发展

新课改以“人的发展”为本，要求教师转变角色，努力改善学生的学习方式，从而使课堂充满生命力。而人的本质是一种生命存在，促进生命的整体发展是新的教育理念的核心内容之一。因此，作为新课程理念下的教师应遵循人的生命的特点，即生命的自由成长，更关注学生的发展，打造一个崭新的充满活力的课堂，使教育完成以“知识为本”向“生命为本”的转变，让课堂成为学生个性发展的天堂。结合数学课堂教学实践，我对如何让数学课堂成为学生个性发展的天堂进行了积极的探讨。

一、关注学生自我需求的发展

1.学习方式自主探究

《数学课程标准》指出：“数学教学活动必须关注学生已有的生活经验和知识背景，关注学生的数学实践活动和直接经验，关注学生的自主探索和合作交流，关注学生的数学情感和情绪体验。”新课改应该充分满足学生这种自我表现、自我需求的需要，努力创设一个更加自由的课堂环境，更加关注学生的自主发展，留出充分的时间和空间给学生自主探索合作交流，让学生自己去学会学习，真正成为课堂的主人。如计算“7＋6＝?”时，我的做法是，先放手让学生做，再请学生说说是怎样想的，结果发现学生的创造力和学习能力真的很强：

生1：我把6分成3和3，7＋3＝10，10＋3＝13。

生 2:把 7 分成 3 和 4,6+4=10,10+3=13。

生 3:把 7 分成 5 和 2,把 6 分成 5 和 1,5+5=10,2+1=3,10+3=13。

生 4:我把 7 放在心里,往后数 6 个就是 13。

生 5:我是摆学具的方法,先摆 7 个,再摆 6 个,一共 13 个。

生 6:我把 7+6 看成两个 6 和一个 1 相加,6+6=12,12+1=13。

生 7:我把 7+6 看成两个 7 相加,再减 1,7+7=14,14-1=13。

由于不同的知识背景和思考角度,对于一个相同的问题,不同的学生有各种不同的解决方法。最重要的是必须想方设法让学生在自主探究中学会比较,并最终领悟到解决问题的技巧,增强探究的能力。为此,我并没有说哪种方法比较好,而是让同学们自己相互说一说每种方法的优缺点,然后再指明:我们进行探究的目的是用最简单的方法解决问题。这样就给学生搭建了自主探索的平台,使不同的学生都通过自主探究,获得了充分的学习体验,在体验中学会比较,在比较中学会选择,在选择中得到成长。

2.学习内容动态生成

学生是一个个有血有肉、有思想的、鲜活的生命个体,生命的本质就在于自由成长。新课改就非常准确、非常到位地把握了生命这一特点,强调"以人为本",关注生命自由成长,彻彻底底地把学生发展的轨迹看成是一个动态变化和生成的过程。从教师"教"的这一层面来看,教师需要重新审视课堂教学,学会审时度势,现场调整教学预设,将以生命为载体的动态生成性资源纳入到预定的课程目标之中,使学习内容随着课堂活动的不断深入而逐步生成,让学习过程涌动生命的灵性,而不是对教材例题的全盘复制,也不是老师提供的雏燕喂食。

比如,我在进行"圆的周长"课堂导入时,在课前预设的是让学生用绕、滚的方法测量出手中圆片的周长后,再出示大屏幕中的圆,从而显示不能用绕、滚的方法得到它的周长。形象而动态地说明了滚、绕的方法有一定的局限性,进而揭示矛盾,使学生自然而然地想探索是不是有更普遍的求圆周长的方法,从而激起学生探究知识的欲望。可是在实际教学中,学生在讨论中会得到各式各样的结论。这时,我没有压抑学生的思维,而是机智地"将计就计"设计了两个问题:"那你们觉得哪一种方法更加有效呢?"与"对于这个公式你们有没有什么疑问呢?"从而很自然地过渡到这节课要研究的问题上来,同时在讨论解决这个问题的过程中,学生的需要得到了满足，得到了解决，学生的身心也就得到了愉悦的发展，从而增强了学生学习数学的信心，进而使他们能保持自主探索的热情。

二、关注学生情感品质的发展

叶澜教授指出："必须使教育目标不仅反映时代的要求，而且顾及生命的整体的各个层次和方面，使教育是对整个人的健全发展，而不是只关注某一方面的畸形教育。"也就是说，教育必须从单纯的知识技能的传授，转向对学生情感品质的培养，关注学生的整体发展，使学生全面健康发展。

比如在"平移与旋转"的教学中，我先让学生欣赏艺术家运用平移和旋转创作的美丽图案（课件出示一组由平移和旋转变化出的美丽图画，并配以优美的音乐）。再设计这样一个环节："这些图案美吗？你们能否也利用平移和旋转，通过画一画、剪一剪或者贴一贴，创作出美丽的图案作为礼物送给你们的亲人呢？"这样，显性的是数学问题，却渗透了尊敬长辈、孝敬父母的道德观。新教材中有许多隐含价值观的数学活动内容，比如环保问题，感恩他人等。在课堂教学中教师应该把数学活动和一定的价值观有机结合起来，向学生渗透一些社会认可的价值观，关注学生的全面发展。教师只有在课堂中把非常重要的价值观和数学活动结合起来，学生的价值观才有可能得以有效地发展，情感品质才能有效地得到培养。

三、关注学生的个性品质发展

新课改允许学生有不同的学习方式，允许学生在一定范围内选择学习内容、方法和途径，充分发挥学生的才情。这样的教学活动，有利于学生形成良好的思维品质。同时，学生在探索知识的过程中，创新精神和实践能力得到培养；坚韧不拔，克服困难的勇气有所增强；学习数学的信心和个性品格得到锤炼和提升。曾经听过一节钟麒生老师"简单的分数的大小比较"的课，我再次深刻领略了新课改的真谛。

师："既然数有大小，那你们说说看 3/8、5/8，这两个分数，谁大谁小？"

生 1："3/8 大。"

生 2："5/8 大。"

师："到底谁大？举手表决。你们能坚持自己的观点是非常好的，那你们能说服对方吗？"

（有学生用语言解释自己的观点，有学生画图说明自己的观点，还有的学生举实例来阐述自己的观点，等等。不一会儿，达到了一致的意见。）

师："在辩论之前你们能坚持自己的观点，辩论之后你们立即修正自己的观点，这种不盲从的做法老师非常欣赏！"

钟老师短短数语使学生懂得了不人云亦云，不盲从，更不会产生依赖他人和盲目自主的意识，这个环节的处理非常巧妙地把数学活动和人格健全发展有机融合于一体，使学生的个性品格得到发展。还有钟老师让学生以说服对方的形式进行对话，让对话主体在理解、平等、尊重的基础上进行"接纳"和"质疑"，学生在认清自己和理解他人的基础上达成新的理解，生成新的意义。

总之，我们要用新的理念打造新课改，更加关注学生的全面健康发展，彻底改变学生的课堂生活，让课堂成为学生个性自由发展的天堂。教师应以"生命为本"的理念培养学生的个性特征和情感品质，让学生在课堂中不断加强对话和交流，弘扬生命的价值，提升生命的质量。

参考文献：

[1]董奇. 儿童创造力发展心理[M]. 杭州：浙江教育出版社，2001.

[2]王耘，等. 小学生心理学[M]. 杭州：浙江教育出版社，2010.

执笔：温州市黄龙一小　赵菲菲

三种教学意识助力中高段学生内化数学知识

【摘　要】经常可以发现，学生很努力学习数学，但就是得不到好成绩，这是他们不能把数学知识内化的表现。转化学困生，教师要有帮助他们将数学知识转化为自己知识的意识。我认为教师要树立激励意识、预设意识以及理答意识，助力中高段学生内化数学知识。激励意识是基础，它激发学生学习的内驱力，有信心的学生会主动感受学习情境；预设意识是保障，它提升教师教学设计的层次性，有自信的教师能使学生静下心来学习；理答意识是核心，它增进教师与学生之间的沟通，使课堂充满生机。三种教学意识共同助力中高段学生突破学习道路上的各个难关，内化数学知识。

【关键词】激励　预设　理答　意识　内化　数学

我接班的学生中，不及时订正、完成不了课堂作业的学生比比皆是，期末成绩与兄弟学校差距较大。2014 学年第一学期，兄弟学校五年级数学平均分最高 97 分，而我带的班级最高仅 82 分，有 15 分的差距。与兄弟学校教师交流，我得知了他们保持学生优秀数学成绩的经验：1. 从一年级开始，争取家长支持，不落下一个孩子，孩子对成绩重视，作业有做，上课有听，成绩就会好。家长会管孩子，我们才能管好学生。2. 教学重难点时，一定要将孩子的注意力集中到老师这儿。可以在提问后，超过半数的学生举手再请学生回答。在学生松散时，提问能抓回学生注意力。那么，如何帮助我的学生内化数学知识，使他们学到真本事，获得真开心呢？

《学校学习的一种模式》的作者卡罗尔指出："学生的学习程度是学习实用时间与所需时间的比值。"前者受分配到的时间、学生乐意学习的时间影响，后者取决于教师的能力倾向、理解教学的能力以及教学质量。在课堂教学时间内，学生的学习成效不仅受到教师教学水平和质量的影响，也受到自身学习兴趣和能力的影响。

一、树立激励意识，激发学生学习的内驱力

学生对于学习的参与度直接决定了内化知识的程度，而动机是学生学习参与度的重要因素。因此，教师要树立激励意识，激发并保持学生学习的内驱力，发展学生的学习动机。

1. 善于评价学生作业，激发认知内驱力

教师要运用不同的评价形式，使学生明白他能够成功，并助力学生不断取得成功。例如对作业的评价：

(1)建立公正的学生作业评价机制。

作业全对并且书写端正得5☆(书写分为1☆)，如果需要订正，先不给评价，待完成订正并书写端正给予4☆。这样的安排，一方面提醒学生及时给封面上没有评价的页码订正，另一方面督促学生端正书写。只要用心完成作业，并及时订正，就能获得公正的评价。

(2)给予积极的学生作业多向评价。

“你真用心!”

“你真用功!”

“你现在怎么这么喜欢数学!”

“你的书写进步了!”

“你的方法真巧妙!”

“你真善于审题!”

“你有回顾与反思的好习惯!”

肯定的评价，可以给予学生学习方法上的引导，也会激励学生的学习：他们的学习获得肯定，心理上获得满足，能大幅提升积极性。否定的评价容易引起学生的焦虑、自卫心理，但当学生体会到老师是为他们着想，体验到错误行为的危害后，否定的评价也可以激发学生认知内驱力。例如学生由于不专心检查，单元考试成绩不理想，教师就要指出学生思想上的懈怠，并传授答题技巧：安排好解答的时间，一张试卷，一般用三分之二的时间做完，至少留三分之一的时间检查；仔细审题，一字一字读题，明确题目要求；一步一回头，及时检查。由于小学生年龄小，做完再检查，更容易查出错漏处。当学生学习时产生喜悦、愉快的情绪时，自然会产生认知

的需要。

2. 善于寻找学生优点，保持自我提高内驱力

自我提高内驱力来自于个体成功的经验，它促进形成个体有意义学习倾向，引发个体用心感受学习。教育是场持久战，自我提高内驱力的保持，是取胜的关键。这一方面需要家长支持，鼓励学生每天提早完成作业，养成良好的生活习惯，保证充足精神投入学习。另一方面，要让学生看到自己的优点以及成功的希望，加深对自己的了解，纠正错误行为，发扬正确方法，调动学生持久的动力，取得进步。优点的发现需要教师像蜡烛一样，燃烧自己照亮学生，静下心来教书，潜下心来育人。

3. 激励后 20% 学生学习兴趣，保护附属内驱力

附属内驱力是个体为了保持权威者的赞许或认可，而表现出认真学习、积极表现的动机。

每个孩子都有成功的梦想。成绩一直中游的学生会因为毕业时数学取得 A 对老师感激涕零。成绩落后的学生也有力争上游的愿望。五年级的李纹纹基础差，而且在我接班时一直不专心，第一学期期末数学成绩为 E。小老师指责她不耐心听讲，只想要答案，不愿再帮她。通过交流，我明白纹纹由于落后太多，又着急赶上大家，没有好方法的引导才和小老师闹别扭。我指导她从现在做起，课堂上认真听讲，课后在自己能力范围内慢慢补做落下的作业，现今她只是对知识生疏，通过思考与实践，熟悉解答方法，理解知识的本质，就能赶上来。果然，第二学期她在众多同学的帮助下，以自己的能力与理解完成整本作业本并做好订正，期末数学得 B。老师要信任后 20% 的学生，营造同学间相互帮助的氛围，给予积极的指导，使他们看到希望，能保护他们的附属内驱力，使他们逐渐在课堂上开始与老师产生共鸣，积极回答数学问题，恢复数学感觉。

二、树立预设意识，提升教师教学的设计力

帮助学生内化知识，教师要能预见课堂上将会发生什么，树立预设意识，提升设计技巧。

1. 简洁的脚手架配置助力学生的起始认识

每单元的起始课，往往非常关键。看似简单的内容，孩子却是第一次接触，理解有难度，不妨给孩子搭建脚手架，让解题步骤形象易懂。

例如教学笔算 12×3 时，在 2 乘 3 时画下箭头，1 乘 3 时再画下箭头。帮助学生记忆第二个因数要分别与多位数各个数位相乘。

```
   1 2
×    3
------
     6 ……3×2=6
   3 0 ……3×10=30
------
   3 6 ……6+30=36
```

又如教学“因数与倍数”时在除法算式的被除数和除数上画箭头，帮助学生发现因数与倍数相互依存的关系。

12÷2=6　12是2的倍数 / 2是12的因数

30÷6=5

20÷10=2

2. 清晰分明的环节设置服务教学重点的展开

例如“不进位乘法”例 1 教学：

环节一：情境引入列式：12×3。

环节二：加、乘口算结合小棒铺垫。

12＋12＋12＝36　　　10×3＝30

2×3＝6

30＋6＝36

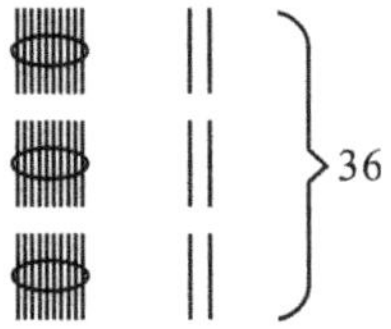

此时，专注沟通小棒与口算的联系，弄清口算算理。

环节三：乘法竖式计算并沟通口算乘法，发现笔算的算理源于口算，只是形式不同。此处，专注沟通口算与笔算，抽象出笔算不进位乘法的一般方法来源于口算。两个环节目标明确，在第二环节就用好小棒，在第三环节用口算做桥梁与笔算进行沟通。然后，对比学生的算式与老师分开写的竖式，说明多位数乘一位数可以简写成学生这样，但要注意与十位相乘的积写在十位上。

```
   1 2          1 2
×    3       ×    3
------       ------
   3 6            6 ……3×2=6
                3 0 ……3×10=30
             ------
                3 6 ……6+30=36
```

环节四：试一试，抓住学生错例进行纠正，再请学生概括小结。

$$\begin{array}{r}3\\ \times\ 2\\ \hline \square\end{array}\qquad\begin{array}{r}42\\ \times\ \ 2\\ \hline \square\square\end{array}\qquad\begin{array}{r}123\\ \times\ \ \ \ 3\\ \hline \square\square\square\end{array}$$

环节五：巩固及激趣练习：做1个书柜2213元，2个书柜多少钱？（体会不进位乘法计算方法的普遍性。）

3. 解读教材习题背后隐藏的目标，找到上好课的感觉

例如上述环节四中：

$$\begin{array}{r}3\\ \times\ 2\\ \hline \square\end{array}\qquad\begin{array}{r}42\\ \times\ \ 2\\ \hline \square\square\end{array}\qquad\begin{array}{r}123\\ \times\ \ \ \ 3\\ \hline \square\square\square\end{array}$$

教材安排这样的题组，是让学生由易到难掌握方法。第一题学生不容易错，第二题有例题基础学生错的不多，第三题学生会错很多，因为它不像例题那样有口算与实物拼摆做铺垫。

解读习题背后的目标，对学生可能出现的错误进行预设，方便教师有意识地收集典型错例，节省宝贵的教学时间，使教师在课前准备、课堂讲解中游刃有余，例如笔算进位乘法的“做一做”：

$$\begin{array}{r}27\\ \times\ 2\\ \hline\end{array}\qquad\begin{array}{r}15\\ \times\ 5\\ \hline\end{array}\qquad\begin{array}{r}214\\ \times\ \ \ 3\\ \hline\end{array}$$

学生可能记住了进位，忘了乘而得到错误答案34，35，222；忘记进位算成44，55，632；或者乘和进位都忘了，将数字直接移下来，如：24，15，212等。指导学生寻找错例共同点并归类，跟进针对性练习帮助学生内化知识。

预设意识告诉我们，备课就是要备每个环节怎么来的具体过程，然后思考学生出来这些思路老师怎么做，没有出来老师怎么做。使新课引入快捷，环节设置清晰，重点突出，详略得当；在教学难点处强调，让众多孩子重复，突破难点；单元教学是关系较复杂的起始内容，利用画箭头、编符号等方式为孩子搭建脚手架；习题设计由易到难，针对不同学生的爱好设置兴趣练习，并通过分类错误使教学扎实。这样，随着教师设计力的提升，学生内化数学知识的环境可得到保障。

三、树立理答意识，增进师生沟通的执行力

教研员评判我的授课太啰唆，只顾自己讲，缺乏与学生互动，就算是区级的公开课，我的学生也不能专心听讲。后来我发现自己缺乏理答意识。华师大崔允漷教授对理答的形式进行了归类：

华师大崔允漷教授理答类型层次分类表

<table>
<tr><td></td><td colspan="2"></td><td colspan="2"></td><td colspan="10">语言性理答</td><td colspan="4">非语言性理答</td></tr>
<tr><td>类型</td><td colspan="2">激励性理答</td><td colspan="2">目标性理答</td><td colspan="4">发展性理答</td><td colspan="6">诊断性理答</td><td colspan="2">有反应理答</td><td colspan="2">无反应理答</td></tr>
<tr><td rowspan="2">理答方式</td><td rowspan="2">简单表达</td><td rowspan="2">激励表达</td><td rowspan="2">归纳答案</td><td rowspan="2">自己代答</td><td rowspan="2">追问</td><td rowspan="2">转问</td><td rowspan="2">探问</td><td rowspan="2">反问</td><td colspan="3">肯定</td><td colspan="3">否定</td><td rowspan="2">动作理答</td><td rowspan="2">神情理答</td><td rowspan="2">障碍式</td><td rowspan="2">留白式</td></tr>
<tr><td>简单</td><td>重复</td><td>提升</td><td>简单</td><td>纠正</td><td>引导</td></tr>
</table>

理答意识指向积极的课堂生成，通过对学生回答的引导，打造智慧课堂。它形式多样，层次分明，是吸引学生课堂注意力、提升教师教学技能的法宝。如何树立理答意识，积极准备，在课堂上对学生的回答进行智慧的理答，体现思维碰撞，进行情感升华，实现价值观的构建呢？

1. 激情式教学，树立在关键问题处运用抑扬顿挫语调的意识

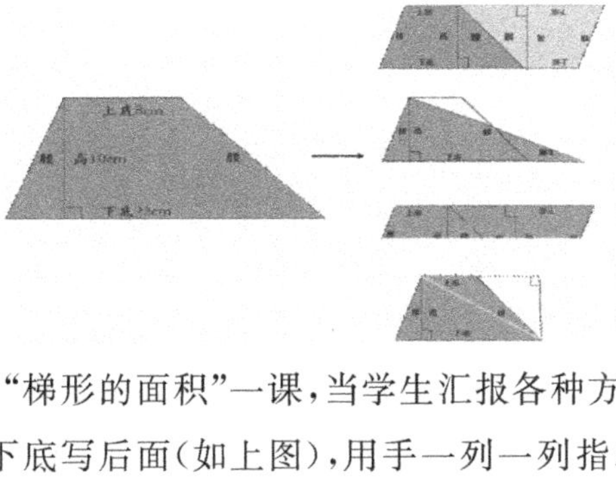

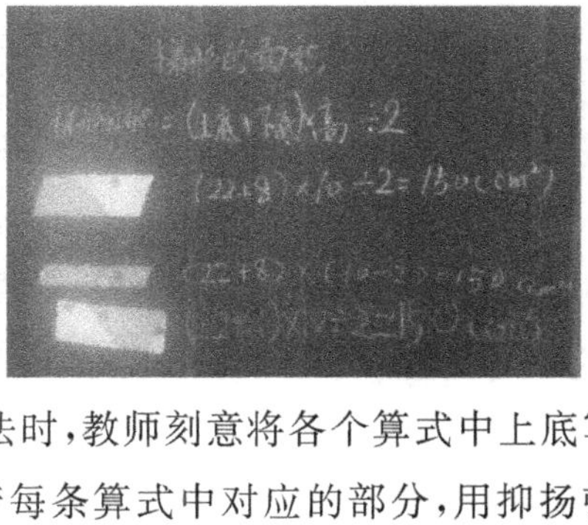

"梯形的面积"一课，当学生汇报各种方法时，教师刻意将各个算式中上底写前面，下底写后面（如上图），用手一列一列指着每条算式中对应的部分，用抑扬顿挫的语调指导学生："同桌共同提炼出梯形的面积公式。"引导学生发现求梯形面积都用到了上底、下底、高，都除以 2。

待学生归纳出梯形的面积公式后，为了调动学生的积极性，用抑扬顿挫的语调

提示:“现在我们就用梯形面积公式求下面梯形的面积。”两次发问,让学生感受老师的激情,迸发探究、学习的热情,这样的语调使课堂不平淡。当然,抑扬顿挫的语调不仅要在关键问题处使用,在与学生的普通课堂交流中,也要注意发声干净,有力道,不是那种扯着嗓子喊叫的力,而是像发乐音一样,气沉丹田来说话,让学生听得舒服而不易感到疲倦。让学生听得舒服,能吸引学生注意力,促进学生内化数学知识。

2. 层次性设问,树立在关键问题处适时点拨分散难点的意识

课堂交流不要一问一答,在学习重难点处发力,效果会比较显著。例如抓住学生汇报的时机,由浅入深地设计提问,帮助学生理解面积计算方法,渗透转化的数学思想。一位学生汇报,老师适宜提一个问题。例如,第一位学生汇报将两个梯形拼成平行四边形时,可以问:“为什么是上底加下底?”

第二次汇报用两个梯形拼成长方形时,学生已经明白是要上底加下底,就问:“为什么要除以2?”

第三次汇报将一个梯形转化为平行四边形时,引导学生与前两种方法对比,提问:“用两个梯形转化时要除以2,怎么用一个梯形转化也要除以2?”使学生辨别出割补法中的除以2有别于拼摆法,它指高除以2。这样,帮助学生真正理解梯形面积的计算方法,为后面顺利提炼面积的计算公式做铺垫。老师在学生汇报时用适量的问题进行设问,为之后智慧的理答铺垫,而且及时分散了难点,使学生在总结提炼时有话可说,教学重点得以落实。

“分数的意义”一课是数系扩张的关键课,只有建立好单位“1”的表象,学生对分数的意义才能真正学懂。我以月饼为载体,引导学生认识单位“1”。

层次一:分别表示出1个、4个、8个月饼的四分之一。学生容易受4个月饼的四分之一以及1个月饼的四分之一都是1个(块)月饼的影响,在分8个月饼的四分之一时只涂一个月饼。因此在汇报要将4个月饼看成整体再利用虚线与涂色表示整体的四分之一后,比较四分之一盒月饼代表的数量与四分之一盒月饼的分子“1”,发现分子“1”表示的是四份中的一份。这样在表示8个月饼的四分之一时就不容易出错。

层次二:不画了,想象什么是四分之一。用“除了月饼外,四分之一还能表示什么?”拓展单位“1”的材料。

层次三：你能说出不是四分之一的分数表示的含义吗？教师小结"不论哪个分数，都表示把一个整体平均分成若干份，其中的一份或几份可以用分数表示"后再介绍单位"1"，就能水到渠成，至少学生在此时已经能用自己的话说出分数的意义了。

我认为，理答意识就是有激情的教师在层次性设问的帮助下，创造师生间围绕问题情境开展交流的氛围，吸引学生的注意力。内化数学知识，就是给学生打开一扇解决问题的大门，使学生看到一类问题，就知道如何分析数量关系去解答。

打开这扇大门，需要教师有激励意识，激发学生学习的内驱力；有预设意识，提升教师教学的设计力；有理答意识，增进师生沟通的执行力。

在这三种教学意识的刺激下，教师对每堂课的准备工作、教学行为都能围绕如何让学生掌握教学重难点展开，能在课堂教学中关注学困生的转化，树立学困生学好数学的信心，做学生们的良师益友，指导他们进行有意义的学习，加快他们内化数学知识的步伐，给予他们体验成功的机会。因此，坚持运用三种教学意识可以逐步提高学生的数学学业水平，助力中高段学生内化数学知识。

参考文献：

[1]曾秀真.指向执教能力的模块研修[M].南京：南京大学出版社，2013.

[2]吴正宪.小学数学基本概念解读[M].北京：教育科学出版社，2014.

[3]刘加霞.小学数学课堂的有效教学[M].北京：北京师范大学出版社，2008.

[4]张春莉.读懂中小学生数学学习预设与生成[M].北京：北京师范大学出版社，2015.

[5]戴风明.数学教学技能与训练[M].南京：南京大学出版社，2011.

执笔：温州市马鞍池小学　苏润

亲近数据，让数据说话

——谈统计图教学中落实数据分析观的策略

【摘　要】《全日制义务教育数学课程标准(2011 年版)》颁布以来，如何培养小学生的数据分析观念，已经成为被关注的焦点和热议的话题之一。义务教育阶段统计教学关键是使学生想到用数据，愿意“亲近”数据，能从数据中提取信息。笔者认为在统计图教学中，应当经历这样的三个过程。其一：亲近数据，有道是真才亲、实才近。其二：让数据说话，有理有据。在这一过程提供的数据应当让学生感受到数据背后的“故事”，听懂数据方方面面发出的声音。其三：分析数据，体会数据随机性，并根据数据做出预测和分析。只有这样亲近数据、让数据说话，才能让学生的数据分析观落地生根。

【关键词】数据分析　数据分析观

大数据给小学数学教育带来了什么呢？本人认为最重要的是数据分析。统计是研究“数据”，“数据”和我们平时说的“数”是不一样的。数据是有实际背景的。数据包括数，又不仅仅指数。史宁中教授指出：数据是信息的载体，这个载体包括数，也包括语言、信号、图像，凡是能够承载事物信息的东西都构成数据。对统计数据进行分析可以帮助人们进行判断预测或决策，从而让人们体会到数据中蕴含的信息，这就是数据分析的意义。“数据分析观念”是学生在有关数据的活动过程中建立起来的对数据的某种“领悟”、由数据去做出推测的意识以及对于其独特的思维方法和应用价值的体会和认识。

2011 年修订的《数学课程标准》把过去核心词里的“统计观念”改成“数据分析观念”，就是希望大家知道，数据分析是很重要的，并且希望教学能够构建

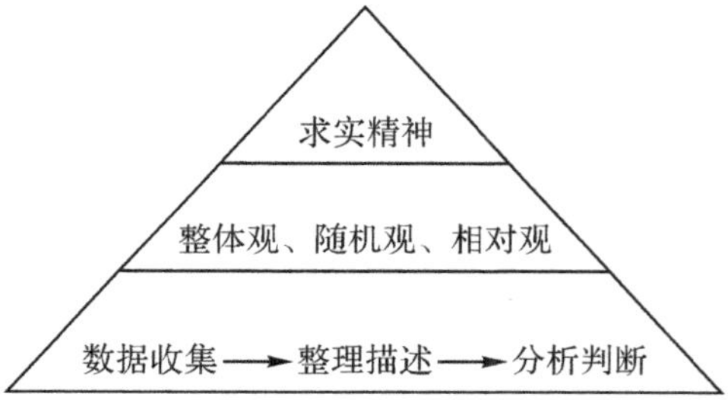

适当的背景，让学生感受到数据分析是很重要的。面对纷繁复杂的数据信息，现代公民需要具有一定的收集数据、整理数据、分析数据的能力，对数据进行选择与判断，做出合理的决策，并进行有效的表达与交流。然而当下在关于统计的课堂教学中，仍然存在着数据收集走过场、分析浅层次、方法单一化、推断想当然等等各种与发展数据分析观念相悖的现象。因此，笔者以为，在组织数据分析的教学活动中，教师应该基于学生的学习需要，从数据分析意识的培养、分析方法的选择、蕴含规律的感悟等方面再“近”一步，让数据分析教学的效果更“实”一些。帮助学生在掌握初步的统计知识、技能的过程中，逐步形成定量化地研究数据的数学思想。“发展数据分析观念，提高数据意识和统计能力，是现代公民不可缺少的素质之一”。

一、亲近数据——“真则亲、实则近”

学生“数据分析观念”的形成，首先是要形成通过数据来分析问题的意识和习惯，也就是当遇到有关问题时能想到调查研究，通过收集数据分析解决问题。如何调动学生分析数据的积极性？最有效的方法是让他们投入到数据分析的全过程。笔者在教学中是以真实实验促数据诞生、以真实情景激数据产生，在教学中取得了点滴的收获。统计教学其实并不难，关键是无论学生还是老师，首先都要对数据产生亲切感。

1. 真实促“亲”——实践数据的引用

“知之者不如好知者，好知者不如乐之者”，教学一旦深入学生的情感领域，触及学生的精神需要，就能成倍增长它的功效。此外，统计是一门严谨的学科，统计数据绝不可瞎编乱造，应当真实、有效。由此统计活动应当丰富其资源、增强统计意味、落实“过程性”，因此要开发真实且让学生感兴趣的统计数据，开发让学生愿意亲近的数据。

例如教学“折线统计图”时，课前让学生搜集一组数据。出示：在同样杯口尺寸的纸杯、玻璃杯和不锈钢杯中倒入相同量的开水，它们温度下降的速度一样吗？

面对这一问题，天性好奇的孩子肯定按捺不住，愿意回家在家长指导下做实验，并记录数据。此时孩子们是多么愿意亲近数据，而这数据又是如此自然地源于他们的实验。

实例：学生收集数据如图：

纸杯、不锈钢杯水温变化情况统计图

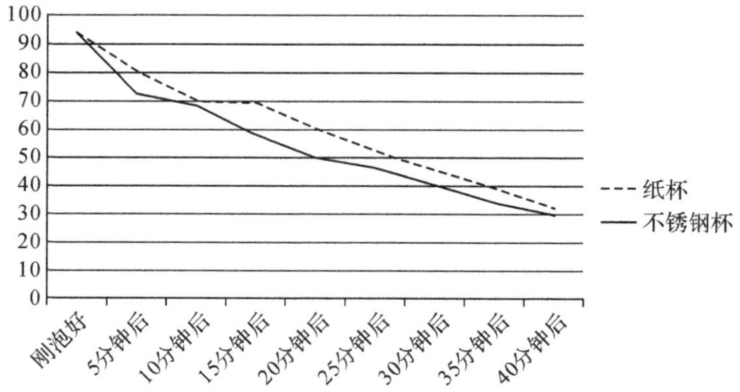

纸杯和不锈钢杯水温变化统计表

	刚泡好	5 分钟后	10 分钟后	15 分钟后	20 分钟后	25 分钟后	30 分钟后	35 分钟后	40 分钟后
纸杯（℃）	93	80	70	69	60	52	45	39	32
不锈钢杯（℃）	93	72	68	58	50	46	40	34	30

为了能更加清楚地看清两种水杯水温变化情况，我们可以制成什么样的统计图呢？有什么办法能让我们更加清晰地进行比较呢？（引出复式折线统计图）

这样的统计教学变虚拟为真实，学生通过统计还能获取科学知识，利用这一数据提供的科学知识来灵活运用生活实际，让学生认识到统计对决策的作用。学生自然愿意亲近数据、走进数据。

又如在教学“折线统计图”时，为了调动学生学习的积极性，阐明调查分析的意义，教师以小课题的方式提出思考：孩子们，你们知道人体正常体温是几摄氏度吗？你有什么办法得知？

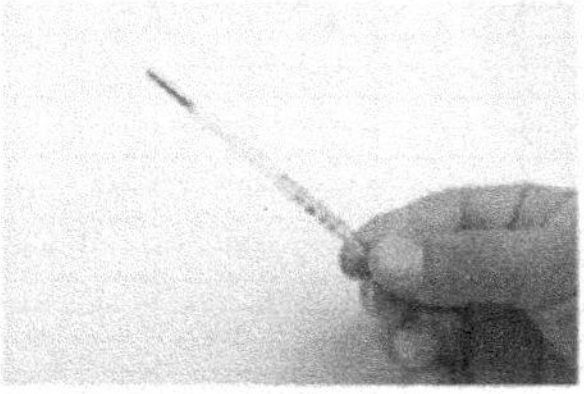

测量体温

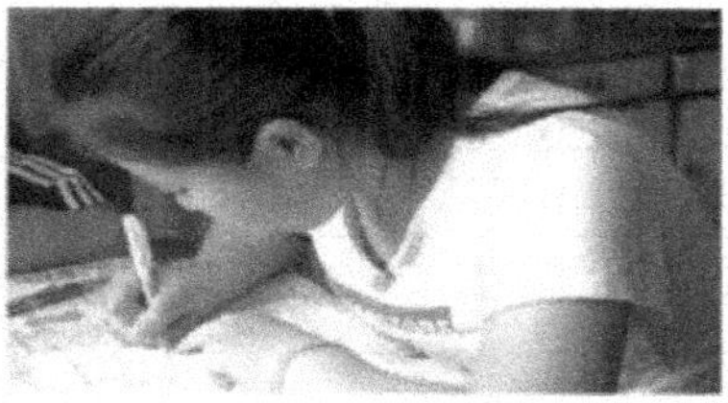

记录数据

整理数据

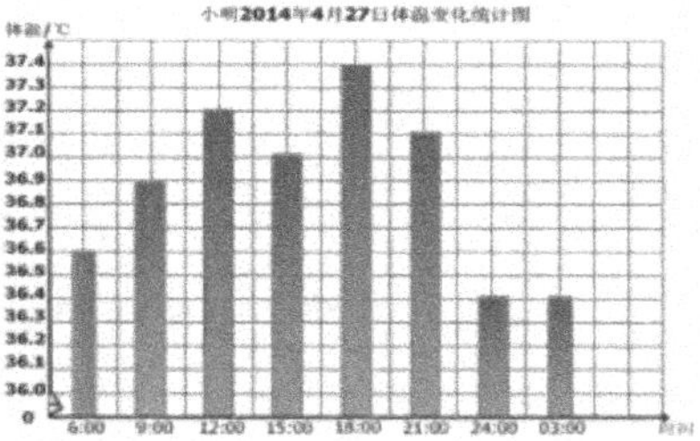

制成统计图

我们人体正常体温究竟是几摄氏度呢？37.5℃是发烧了吗？这一系列的问题引发了学生刨根究底的兴趣。兴趣是最好的老师，学生通过自己动手测量、记录数据、整理数据，亲近数据之情在“真”的开发中逐渐升温！就因为“真”，学生才愿意亲近；就因为亲近数据，数据分析才水到渠成。

2. 共鸣促“亲”——敏感数据的引用

数据产生的方法多样，可以调查、测量、描述等，因此，亲近数据还应当立足当下，分析的数据是学生产生共鸣的、愿意去深入分析的数据。

例如在“折线统计图”的教学后设计如下情境片段：课前出示2014年10月3日中国汉字听写大赛总决赛的视频片段，180位汉字少年，历经3个月，20位个中翘楚用听写将古诗文牢牢镶嵌在脑中。江苏少年陈柯羽最后拿下年度总冠军。

师：冠军的光环很美，但是这美丽的背后深藏着怎样的秘密呢？就让我们听懂数据发出的声音，让数据带领我们去思考、去发现。

李显东 100 个生字一周听写情况统计图

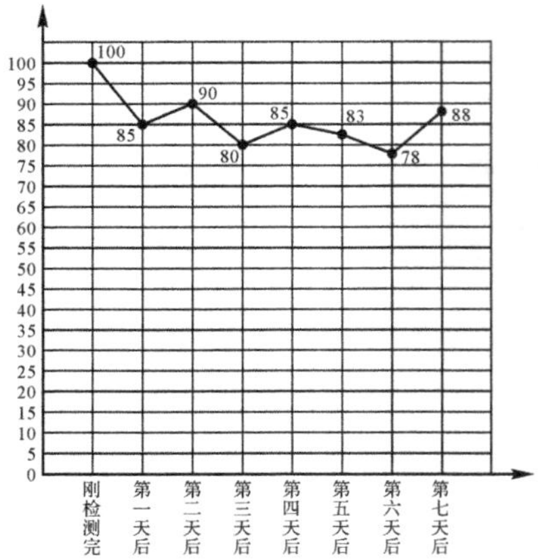

孙丹 100 个生字一周听写情况统计图

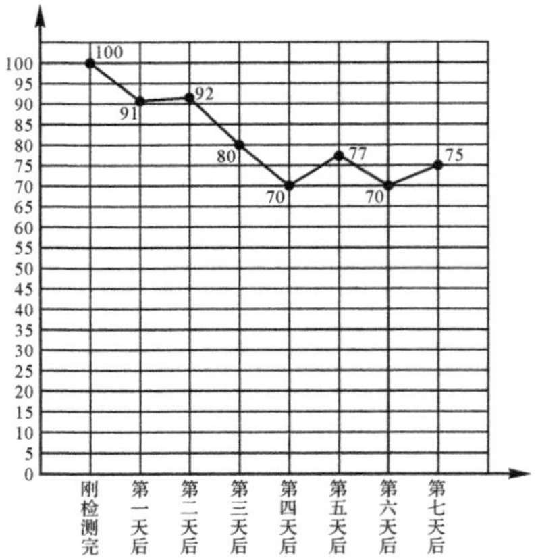

在如此情境中,学生对数据分析充满期待、充满热忱。教学过程中忽视学生基于经验的主动建构过程,那么不仅数学课堂会失去新意,学生学习的体验也将是零散和无序的。如果我们的教学能在教师独具匠心的安排下给孩子带来不一样的体验,那么带给孩子的影响不仅仅是一节课、两节课知识量的累积,而是一种看待问题的观念的转变,甚至是飞跃。数学课堂,就是要通过这样一点点细小的环节来渗透数学思想,滋养数学情怀,从而让我们的学生从小就学会用辩证的眼光来看待周围的一切,从容地面对生活。

二、让数据说话——有理有据

学生对数据的读取,可以分成 3 个水平:(1)数据本身的读取,即图表中明显答案的数据读取。(2)数据之间的读取,即读取比较好、最好、最高、最低等值,例如对数据进行加、减、乘、除等操作。(3)超越数据本身的读取,即对数据进行推断、预测、推理等活动,让数据开口说话。

史宁中教授认为,"感悟数据中蕴含的信息——让数据说话",要让孩子们知道,所有的道理不一定都是老师教的,不一定都是父母说的,也不一定是书本上说的,有一些信息、有一些道理是通过数据知道的。这个叫作数学的"实事求是"。有些东西是要经过思考的,根据什么来思考呢?根据事实思考,然后得出自己的结论。

1. 让数据说话之一——读懂与隐形数据的对话

亲近数据,是为了感悟数据。感悟数据,数据分析是关键。就如之前所述,学生对于数据分析中前2个显性数据读取比较容易，而第三项超越数据本身的读取，即对数据进行推断、预测、推理等活动，让数据开口说话，相当困难。笔者为此通过简单的局部数据的假设状态，去推断另一个数据的可能性，让孩子感受到隐性数据在说话，读懂隐性数据。

例如“折线统计图”教学中：

仔细读图，你觉得小明在这一天中体温是如何变化的？你能估测小明4月27日下午4：30的体温吗？这时他体温37.8℃，是否发烧？

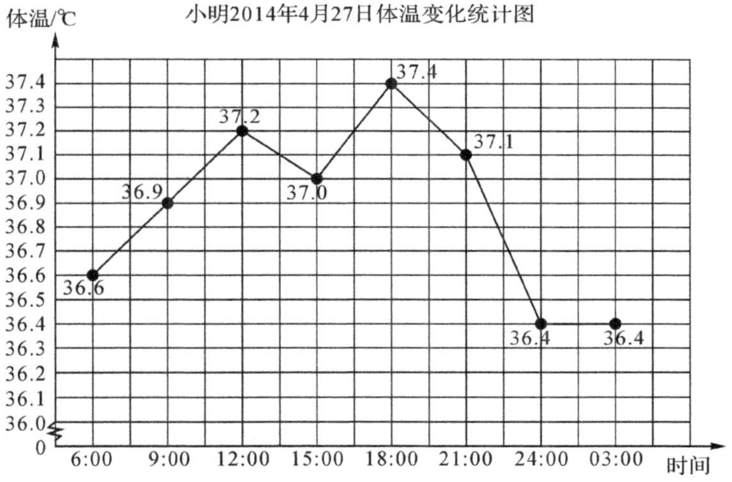

生：37.1℃，37.2℃。

客观地讲，小明4月27日下午4：30的体温，没有测量，我们谁都不知道他的体温，但是15：00与18：00都测了体温，然后把这两个点连接起来，就假设了这样的一个体温变化，有了这样的假设，再根据折线统计图的趋势推断，于是就有了小明4月27日下午4：30的体温。这样的教学能让隐藏的数据在已知的数据分析下显形，让数据说话。作为孩子是多么欣喜地看到这神奇的一幕。孩子们发现，通过对局部数据理解、趋势分析，数据居然开口说话——读出了隐含数据的信息。这无疑培养了孩子数据分析的能力和数据分析的兴趣。

2. 让数据说话之二——读懂小数据、大样本的对话

预测要基于数据，对于脱离数据进行预测的学生，我们要引导他们用数据说话。虽然各种预测都有可能发生，但是可能性不会大。有时候为了更合理地预测，

需要更多的数据样本进行分析，这样预测数据出现的可能性往往会更加准确。例如南欲晓老师在预测 5 月 1 日 2：00 磷虾的水下深度时进行了大数据汇集看数据趋势，从而让学生感受数据在说话，听懂小数据、大样本的对话。

例如南欲晓老师上“折线统计图”时：

师：孩子们，你们能根据这幅图预测 5 月 1 日 2：00 磷虾的水下深度吗？

生：可能是 76 米吧？可能 80 米吧？可能 50 米吧？……

师：是的，以上答案皆有可能。然而科学家为了更加准确地进行预测，他们继续观察了 24 小时。现在你觉得哪个数据可能性大？

生：可能是 76 米吧？可能 80 米吧？……

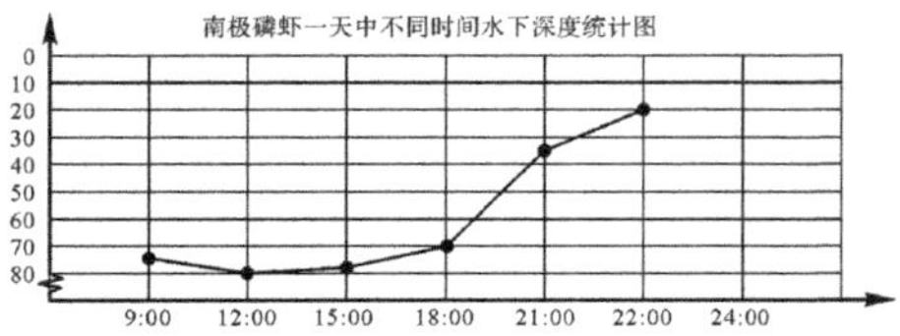

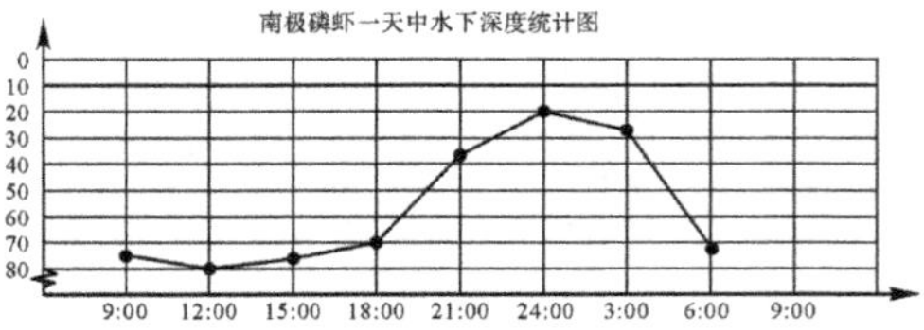

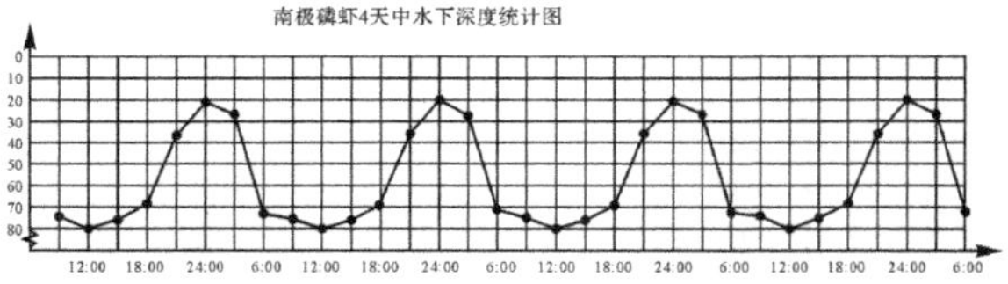

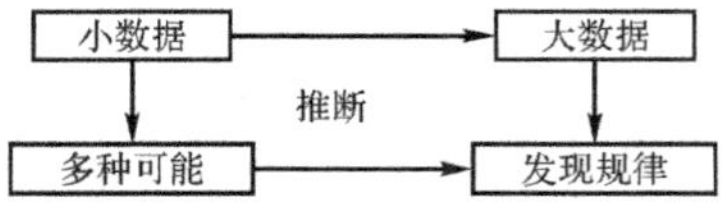

师：科学家还是觉得这样的数据不足以很好地预测，于是他们连续一周进行观察。现在你觉得可能是多少米？

数据会说话，会说怎么样的话？小数据时，预测会有很多种可能。小数据汇成大数据，会形成规律。从以上案例中可以看出，5 月 1 日 2：00 磷虾的水下深度是没有检测的，我们通过 1 组统计数据推断、2 组统计数据推断乃至一周的统计数据推断，随着数据的累计，5 月 1 日 2：00 磷虾的水下深度也越来越稳定在一个值上。由此要想让数据说话、让数据说真话，我们还应当引导学生思考：推理中用到的样本数据是否具有足够的代表性？由推理得到的结论究竟具有多大的可靠性？回答这些问题同样需要对大数据进行分析再分析，基于这样的思考才能让数据说话、让数据说真话。

3. 让数据说话之三——读懂整体数据随机性的对话

通过数据分析，鼓励学生感受数据的随机性。数据随机性主要有两层含义：一是对于同样的事情，每次收集到的数据可能是不同的；二是只要有足够的数据就可能从中发现规律。有效的统计教学，不应仅仅满足于让学生对身边的统计现象有所了解和观察，而是要通过素材的多样化呈现、随机性呈现，让学生对呈现的数据的整体性进行思考，从而更深入、更辩证地看待生活中的一些问题，发展他们的数学素养。教学中，要选择合适的问题，引导学生在经历统计的过程中体会数据的随机性、整体性、多样性。

例如在“复式条形统计图”教学中设计如下片段：

问题：根据你搜集的数据，你能预测一下我们学校的汉字听写冠军是否能击败陈柯羽拿到全国总冠军吗？为什么？

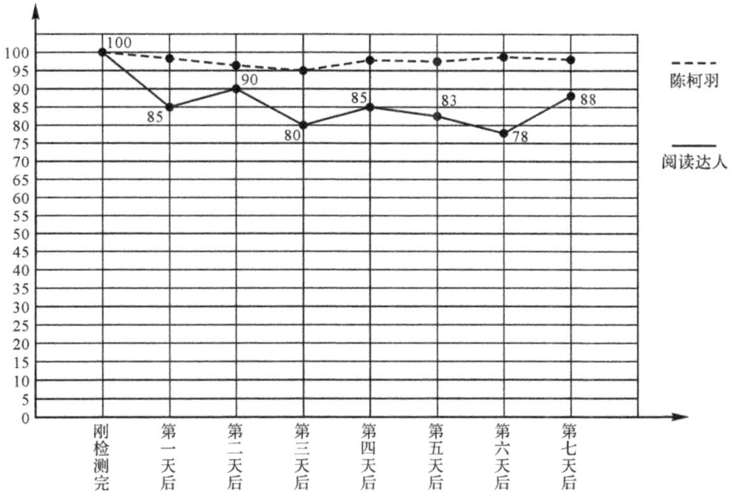

生：不可能，虽然我们学校的阅读达人生字记忆能力很强，但是相比全国总冠军还是相差很大。

生：拿我们学校阅读达人一周的记忆情况去比较不公平，有可能这几个生字比较陌生。

师：是的，单凭一组数据很难说明问题。下面这组图是对成千上万的测试者做出的统计，你能读懂这两幅图的含义并做出解释吗？

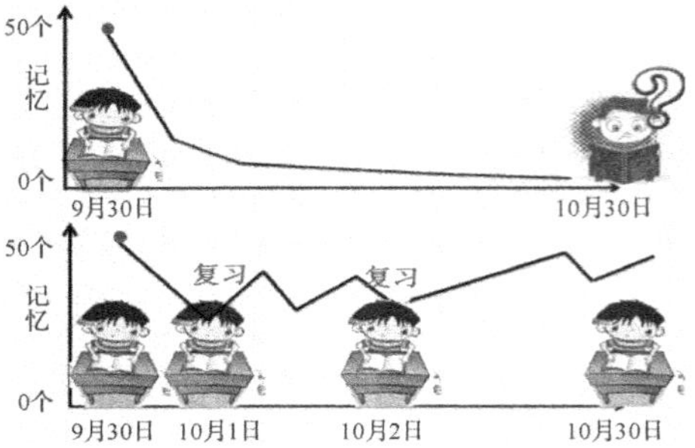

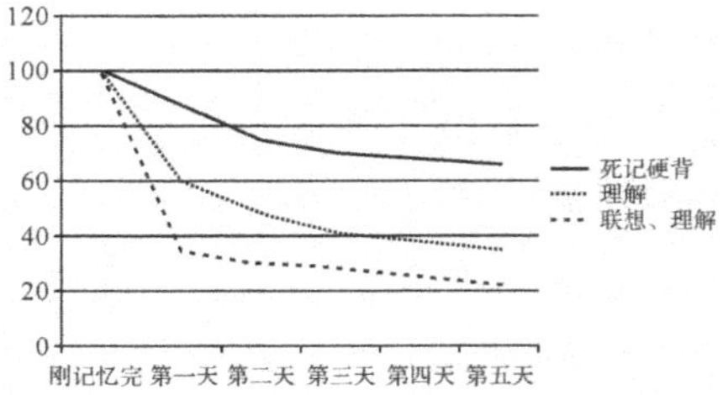

生：根据表1我发现复习是很重要的，我们学校的冠军是一个很爱复习的孩子，所以成绩不错，但是通过表2我发现深刻记忆的生字才能记得牢固，相信全国总冠军是一个既会复习、又能深刻理解记忆生字意义的学生。而我们学校的冠军在这一方面还有待提高。

生：我发现数据能告诉我们学习方法真是神奇，学习不仅要复习更要深刻记忆。

生：看来学习不仅仅要靠复习及时还要靠深刻理解，这样才能学得更加轻松。

一个学生一周的生字统计会出现偶然性，随机性强，这样的一个样本往往不能很好地看出问题。教学中笔者在第一次追问后，展示了心理学家多年、多人的研究，让随机事件的随机性在大数据的对比下说客观之话。史宁中教授指出：统计侧重于从数据来刻画随机现象，数据分析应当让孩子感受、体验随机性，感受随机性与“大数据”理论含义。鼓励学生运用数据来体会随机性，更能体现随机现象的特点。也只有在这样的整体背景下分析随机性数据才能让数据说话、让数据说真话。

观念决定行为，行为决定结果。数据分析观念是一种需要在亲身经历的过程中培养出来的对一组数据的“领悟”，是由一组数据所想到、推测到的以及在此基础上对于统计独特的思维方法和应用价值的认识。经历数据分析的过程要围绕“数据”做文章。遇到问题——“想数据”、分析问题——“用数据”，解决问题——“懂数据”。由此让数据说话，首先要亲近数据，听懂数据所说的隐性之语、客观之语、整体之语。

参考文献：

[1]史宁中. 基本概念与运算法则[M]. 北京：高等教育出版社，2013.

[2]朱德江.以数据分析观念的培养为核心[J].教学月刊:小学版数学,2012(11).

[3]徐雪刚.培养一种不确定的思维方式[J].学术研究,2012(1).

[4]黄翔.数学课程标准中的十个核心概念[J].数学教育学报,2012(17).

执笔:温州市瓦市小学　黄玮慧

深挖教材、体现主体、感悟思想
——“沏茶问题”的教后感悟

【摘要】学生是发展中的人，体现主体的课堂，学生应该有充分的选择性、自主性、能动性和创造性，数学思想的渗透是数学课堂的生命所在；数学课堂教学深入挖掘教学素材，把握其中所蕴含的数学思想，使学生学到的是鲜活、生动的知识。以人教版四年级上册“沏茶问题”的教学为例，简述高效课堂所需的要素：深入挖掘教学素材，尽量要生活化、趣味化。以此来创设生动活泼、愉快、宽松的教学氛围，在课堂教学中追求数学思想方法的价值引领，由此培养学生的学习能力，提升学生的数学素养。

【关键词】主体　生成　感悟　数学思想

有主体地位的课堂表现为“学生在课堂中有充分的选择性、自主性、能动性、创造性”。数学学习过程要将学生个体智慧和学生群体力量相结合，使学生在知识技能、思维能力、情感态度等方面得到进步和发展。学生是发展中的人，有自己的个性、思维，每个人都有创造的潜能，每个教师都希望看到学生在课堂上神采飞扬、思维活跃、举一反三，那么老师应充分挖掘和发挥教学素材的作用，教学中确立以学生为主体的教学目标，培养学生的能力，让他们感悟数学思想，提升学生的数学素养。

一、挖掘教学素材中的生活化、趣味化因素

俞正强老师在《种子课》一书中指出：“材”的选择，一定要简单、朴素，有利于呈现数学的本意，千万不要给材料附加太多的行头，从而将数学湮没在修饰之中。在“沏茶问题”这一课中，通过对于沏茶过程的优化处理，教师向学生渗透优化思想，并让学生体会到运筹思想在实际解决问题中的应用价值，从而感受到数学优化的魅力。根据以上要求，教师在对本课探究素材进行处理和选择时就围绕生活化和

趣味化做文章。从生活中出发，设置三个学生再熟悉不过的情景：给客人沏茶的情景、找感冒药的情景和超市购物的情景。三个教学情景都是生活中学生非常熟悉的，可以说学生对三个情景都能感同身受。以这样的三个情景为载体，学生在学习时自然会感到轻松与自在。对于要研究的问题，进行讨论就像是解决自己生活中所遇到的困难，去除了多余的修饰和行头，让材料回归数学的本真。选材除注重生活化外还应注重趣味化。教学三个情景中前两个情景沏茶和找感冒药都是书中已经有的，教师只用作适度的调整和安排即可，学生自然会乐此不疲地进行探究。那么如何在练习中设置一个类似的既结合学生生活实际，有一定的趣味性，同时又能将学生的探究向纵深发展的题目呢？到超市购物的情景是不错的选择，学生都有超市购物的经历，所以会感到亲切。与此同时学生在平常逛超市时仅仅是作为一名消费者，从未如今天要如此精确把握购物的时间、优化购物的过程。这种探究情景的设置为学生在课堂上求异创新、发展发散思维提供了宽广的平台，学生在进一步发现问题并解决问题的过程中，可以深刻感悟到同一个问题不同解决方法的策略优化思想。

二、注重课堂生成，让学生成为学习的主体

俞正强老师在《种子课》一书中指出："教学的艺术有时可以简化为教师把握预设与生成的艺术，即如何在一节课中，通过'预设'去促进'生成'，通过'生成'完成'预设'的目标；在'预设'中体现教师的匠心，在'生成'中体现师生智慧的火花。"俞老师指出："首先在预设的时候，要在'粗'和'精'上下功夫。"比如本节课在教学中学生所经历的三个情景，为了给予学生更多的操作和思考的空间，教师说话的时间要尽量压缩，精炼课堂的语言，这就是在"粗"上下功夫。如在安排沏茶的环节上，等学生了解了小明沏茶的工序后，教师马上就抛出预设的问题：怎么做才能尽快让李阿姨喝上茶？立马放手让学生以小组的形式探究对于沏茶过程的合理安排和用清楚的图示表示沏茶的过程。最后通过学生汇报、生生互动得出沏茶过程最优化合理的安排方式和最简洁的流程图，使学生在解决具体问题中体会数学的方法及应用价值，学会优化思想。对于后续的两个练习的安排更是如此，预设的问题分别为：如何帮助小红尽快完成这些事情？小明的妈妈想尽快完成这些购物，如果你是小明会怎么合理地安排？学生在解决现实生活中常见的问题时，教师应始终作为

引领者，问题的解决都应交给学生自己思考、探索、操作、实验。

预设的目的是让学生在课堂学习中有所生成，一堂课能否得到丰富的预设生成，决定着一堂课的成功与否，所以在预设中也要促进"生成"。以上三个问题的预设给了学生明确的目标和充分的思考空间，符合学生认识的起点和能力施展，所以教师所要做的是耐心地等待学生的生成，促使学生专注于对问题的思考与活动的操作。当教师课堂所把握的节奏与学生的整体思维吻合时，学生就会陶醉于自己的思维活动中，学习的生成材料就会丰满充分。在沏茶环节，教师作为引领者所要做的就是引起学生讨论，将他们在探究中所观察到的、想到的和感悟到的想法说出来，围绕合理和简洁两方面展开交流最终形成优化意识。学生有了思维的空间和时间，在生成时也总是有意想不到的精彩表现。如在练习中购物的环节，学生在整个表示过程中有很多惊喜的表现：如对于去购买生活用品这一环节，学生为了简洁省去了对于路程的表示，只写上 10 分钟，不少学生会想到小明和妈妈可以分头行动从而将购物的时间缩到最短。课堂的节奏与学生的思维相符、学生成为学习的主人，有利于学生思维产生碰撞，诱发动态生成，促使学生更深入探究问题和多样化地解决问题。课堂上学生始终处于平等、民主的地位，学生主动参与课堂学习，师生相互尊重，构建如此新型的课堂结构，学生才能真正处于主体地位，成为学习的主人。

三、启迪思维，学生感悟数学思想

新课程理念强调老师是学生学习的组织者，教师在课堂上组织学生外在的学习，而更深刻的是要组织引导好学生的内在思维活动。这一点主要体现在关键问题的精心设计上，关注启迪学生展开有效思维的活动，从而感悟数学思想。本课第一个关键问题为：对于像洗水壶→接水→烧水→洗茶杯→找茶叶→沏茶这样安排的讨论，讨论点为如何更合理地安排从而节省时间。课堂上教师不做任何指导，放手让学生围绕烧水的 8 分钟内可以同时做的事情进行讨论。由于学生思维不受约束，讨论起来异彩纷呈，自然也就有天马行空的想法，比如有学生说把洗茶杯放到洗水壶一起完成、在接水的时间里找茶叶等。姑且不说学生安排的是不是最合理的，单单就学生迸发出的思维火花而言，这个过程就是一种深刻的情感体验，数学优化思想就是在这一次次体验中逐渐形成的。学生在这些直接的、感性的经验基础上，经过师生和生生之间的讨论和自我反思，生成基本的数学活动经验，形成对于优化思想的感悟。本课教学中另一个关键问题是学生用流程图表示沏茶的经过，这是学生第一次用流程图，关于怎么表示课堂上老师没有明示，但给出了一个提示：用清楚的图示和文字表示整个沏茶的过程，具体的做法就留给各小组内讨论。从各小组安排的结果呈现来看，大部分学生只关注了沏茶安排的次序和合理性，而对于流程的表示却显得有些潦草和随意，但这些却都是原生态的，是学生真实的想法。课堂上学生是主体，教师就要尊重学生的想法，学生有自主选择的权利，教师是参与者和引领者，莫要本末倒置；所以此时的教师不必把解惑作为自己的首要任务，而要做出合乎情理的质疑。师引导：对于他们表示的整个沏茶的过程你们还有什么想说的吗？刚才我们要求清楚地表示整个过程，他们都做到了吗？教师尊重学生的选择，学生则会有自己的创新和想法，当学生认为自己的流程安排得比刚才的小组更清楚的时候，自然急欲展示，课堂在逐渐的比较和对比中，形成对于规范的流程图的认识和感悟。这样得到的知识远超教师所直接传授的方法。

总之，要落实体现主体的课堂，就要求教师对所教学的内容有一个全面客观的分析，始终把学生摆在主体的地位，站在学生的角度，不断探索、研究更多利于学生发展的教学方式，最终让我们的学生爱上数学，主动学习数学，从而促进学生更好的发展。

参考文献：

[1]俞正强.种子课[M].北京：教育科学出版社，2013.

[2]邱廷建.理应追求高效的数的课堂[J].小学数学教育，2014(7).

执笔：温州市南汇小学　陈利汉

抽象概念，直观把握

——以“认识时间”为例

【摘　要】“认识时间”是人教版2013年版二年级上册的内容，是在学生一年级学习了认识钟表和整时的基础上学习的。有别于苏教版和北师大版本中对于“时，分，秒”内容一气呵成的教学，人教版先系统认识钟面中的“大格、小格”，再让孩子体会“1分钟的时长”，然后才是时间的认读。人教版更注重抽象时间概念的教学，笔者曾多次试教过这一节课，下面就这节课的几个关键部分阐述抽象时间概念的教学心得。

【关键词】抽象　概念　直观　教学

一、“分”的概念

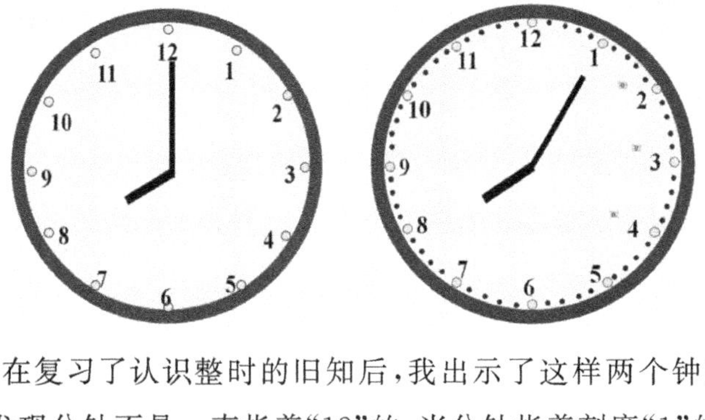

初次试教，在复习了认识整时的旧知后，我出示了这样两个钟面，试图让学生在对比过程中发现分针不是一直指着“12”的，当分针指着刻度“1”的时候表示走过了5分钟，再引导孩子观察钟面，发现一大格里有5个小格，分针走1个小格表示1分钟。但是试教下来的结果并不尽如人意，静态的说教很难让学生对“几分”有个直观的把握，而且生活中的钟表都是在走动的，学生对生活中的时间也有所接触，数学课上反而把活动的钟表演示成不直观的图像，这显然不符合学生的认知规律，

也不能让学生直观地把握抽象概念。教研组长给了我一个建议:“何不让分针活动起来,一格一格走,让学生先感悟到1分呢?”是的,从8时到8时5分,分针是有一个过程的,而这个过程恰恰是最能给学生以直观表象的。于是我做了这么一个修改:以动画的形式演示出8时到8时1分的变化。分针“滴答”地走动,引起学生的高度关注,我顺势再问学生:“分针怎么走的?”学生很容易观察到分针是走了一个小格,从而自然引出“分针走1小格表示1分钟”这一概念。接下来以此类推,1分、2分、3分、4分、5分。走到5分的时候要注意引导学生观察分针走了5小格也就是1大格,为下面的认读时间做好“5的倍数”的铺垫。

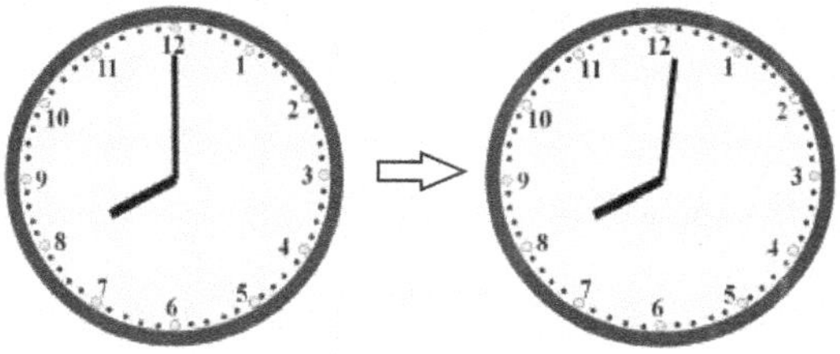

二、“1时=60分”的概念

1时=60分,这个概念学生是很难理解的,因为学生没有直观的体验和感受。我试教过这样几种处理方法:第一种,在学生掌握了5分5分认时间以后,着重让学生认读半时,再从半时到下一个1时,时针扫过一大格,分针扫过一圈,这样让学生观察1时和半时的关系。

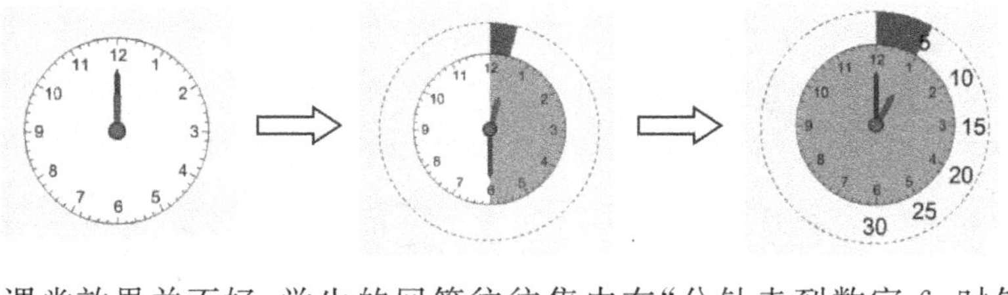

实际课堂效果并不好,学生的回答往往集中在“分针走到数字6,时针走了一点点”看来半时这里动画的刻意停顿,给学生造成了干扰,学生能看出时针和分针是同时走的,但是看不出时针和分针具体的量化关系。针对这一问题,我做了适度调整,把时针和分针同时走的关系做成了一格完整的动画。于是就有了第二种方法,当演示完这一动画之后,问学生:“你发现了什么?”这一开放式的问题显然激发

了学生的兴趣，而且时针、分针走完后扫过的区域有颜色凸显出来，学生能表达出“时针走一大格，分针走了 1 圈”，在引导之下，能理解“1 时＝60 分”。之后我又进行了反思，单单只靠屏幕上动画的演示，学生就看一下，理解了，能保证学生把这一过程真正内化吗？怎么样才能有更好的效果呢？美国华盛顿图书馆的墙壁上写有三句话：“我听见了，但可能忘掉；我看见了，就可能记住；我做过了，便真正理解了。”可见，动手操作、实践探索、亲自参与是何等的重要。第三种教学方法，我就让学生运用学具袋里的小钟表，每个学生都自己动手拨拨看，拨的过程中学生自己去观察、去体会。学生在动手操作后，获得的感受比老师给予的要多得多。

三、“几时差几分”认读概念

教过“认识时间”这一内容的老师都知道，学生出错最高的就是“几时差几分”的情况。通常教学中，老师们都会强调“时针走过了几，就是几时”或者是“时针还没到 3，就是 2 时”。我也是这样强调的，但是观察学生的练习，还是屡屡有人出错，说明学生对于这一内容还是不能直观理解，其实类似这样的直观渗透早在一年级的时候就可以做了。

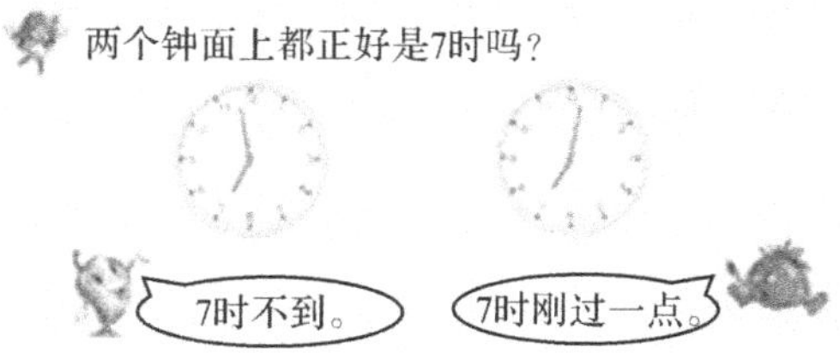

7 时不到一点，但是接近 7 时，如果能在这里直观地把握，学生能在学习了整时之后，对整时差几分有一个感知，那么二年级系统地认识“几时差几分”就会轻松很多。

对于认识时间概念教学，运用直观教学的方法具有形象、易于激发兴趣、便于建立表象、有助理解知识等特点。它需要学生多种感官参加学习活动，动手操作、动脑思考、动口表达，并需学生独立、自觉地运用知识解决问题，它可以使学生养成数学意识，学到有关的学习方法。同时我们也要根据小学生的特点，合理、科学地运用直观教学，并加以适时的启发和引导，才能有效地促进学生思维的发展。

执笔：温州市鞋都一小　周宓

第二篇 花香梦痕——教学观点篇

快意轻舞，酣畅淋漓，在欢悦的音韵里，舞者旋转着、跳跃着，好似插上翅膀，尽情翱翔于浩浩天宇，与鹰鹏同飞、与日月同行。掌声阵阵，记录积淀点滴，散落花香梦痕，盛开永不落幕的青春。

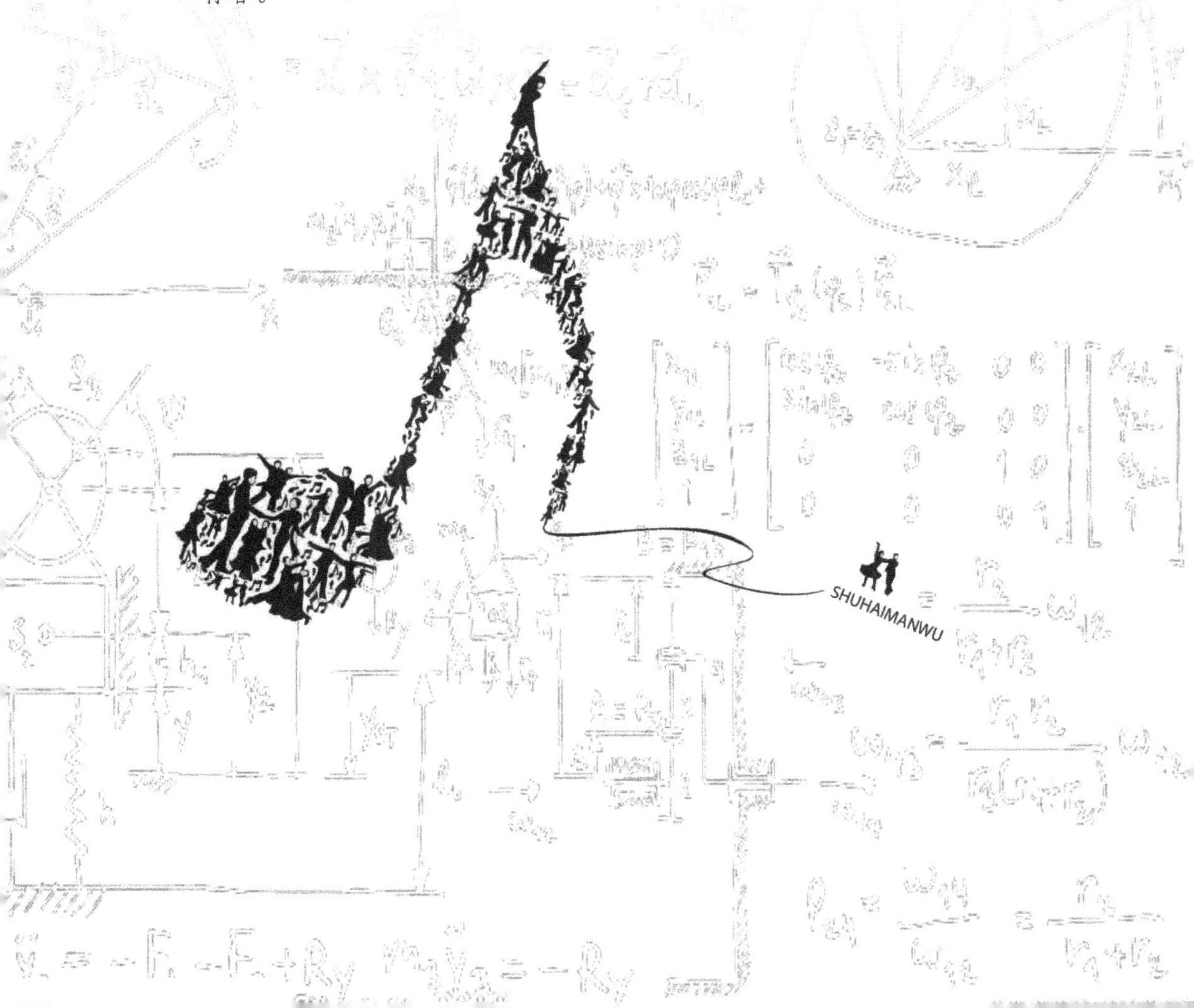

教育不可拔苗助长，应遵循孩子的天性

“别让孩子输在起跑线”，这句话不知扼杀了多少孩子的童真，让本该享受童年的孩子过早地承受重压。在今天的学习中，杭州求是和家园小学校长郑仁东说：“教育是对生命个体的尊重与敬畏，学生要自尊地沿着适合自己的发展轨迹去健康成长。”在现实社会中有许多孩子赢在起点，但却输在终点。孩子的教育是一辈子的事，不是百米冲刺，如此冲刺便是不尊重和不敬畏孩子的生长规律。人生更像是一场马拉松，要懂得均衡用力，才能顺利到达终点。杭州金成外国语小学校长孙小芙关于孩子的教育也提出：“要学会寻找适合孩子的教育，要把每一个孩子当成一个班来教，使我们的孩子享受成功和快乐。”孙校长提出的“三适教育”理念与郑仁东校长关于教育的理念不谋而合，教育是要遵循孩子的天性，因势利导地去施行。

孙校长提出“三适教育”，即教育应该适性、适量、适时。这是她在“创有品质的教育”理念下，对学生教育有实践意义的理论指导。“教育有着自己的规律，任何违反规律的教育活动都会不同程度地伤害孩子。”孙校长说，“各个学生性向不同，材质有异，教师恨铁不成钢的精神可佩；但材质为铁的学生才能成钢，若是陶土、是棉花、是良木，岂不一炼成灰?”孙校长的“三适教育”源于“有教无类”与“因材施教”。

适性教育指适合个体性向的教育。性向有普通性向和特殊性向。我们要有发现最佳性向的方法。“发展全校性的特色可能不利于部分学生的成长”“只加强普通性向的教育，会把各种人才造就成普通人”“加强特殊性向的教育，才会有各种成就的奇才”。郑仁东校长关于基础教育是如此表达的：“基础教育是向每个人提供并为一切人所共有的最低限度基础教育的知识、观点、社会准则和经验的教育。”基础教育是面向全体学生普遍性的教育，而学生每个个体都有其特殊性，如有的学生就擅长运动、有的则擅长唱歌、另外的学生可能对数学逻辑特别感兴趣。老师或家长需要细心观察，多与孩子进行沟通交流，从而了解孩子的兴趣特长，即特殊性向，以便有的放矢地去培养，因势利导使学生有自尊地沿着其发展轨迹健康成长。

适量教育指适合个别能量的教育。孙校长将“学习”比作“用餐”。“喜欢吃的东西，吃少了渴望再吃，吃过量受不了，再多就会厌而放弃；对喜欢学的东西，学少了还想再学，学过量受不了，再多就会厌而放弃。”即：“每餐七分饱，免往医院跑。每餐七分饱，不悔佳肴到”“脑筋留走道，才能进新招。脑筋留走道，才能谈创造。”作为老师，很多时候在教学中往往会对教学的内容深入挖掘，并以此显示课堂的教学水平，却从来没想到学生会不会吃撑了。如某位老师在教学一年级“分类、整理与统计”这一课时，为了突显课堂知识的深度，把三年级才接触到的条形统计图的知识放到本节课中，看似学生对知识的掌握更多了，实则牺牲的是本节课学生所要感悟的与数学一一对应的重要思想以及统计中简洁便捷的表现特点，这些都是要花时间让学生去感悟的。适量教育就是让我们学会尊重书本，从而尊重学生。

适时教育指适合学习时机的教育。“适时学习最有效，过时学习不牢靠，抢先学习最糟糕”。郑仁东进一步指出：“教育要关注每个年龄段的需求，关注人每个发展阶段的特征。”他还举了一个例子：人的肌肉 16 岁之前长根数，16 岁之后会长块数，孩子在 16 岁之前不宜进行过大的力量训练，16 岁以后可以进行肌肉的训练。联系到我们教学也一样，最容易犯的错误便是让孩子抢先学习，以为这样就可以先人一步，让孩子领先别人，其实这就是典型的拔苗助长行为，看似长大了，但他的根系却得不到水的滋润，爱之却是害之。作为老师，要相信学生修行千日，终有一朝悟道，即使悟不了道，懂得踏踏实实为人处事，也不失为社会的栋梁。

适性教育丢不得，天生我材必有用，小成就也能成大成就；适量教育比不得，只要把自己做的事做好就行；适时教育急不得，不可为求速效而拔苗助长。爱之足以害之，路遥知马力。

执笔：温州市南汇小学　陈利汉

精彩的预设　美丽的生成

备课的有效性，不在于花拳绣腿，不是套用几个时髦的理念。但凡有效的课堂，其深厚之处在于教师备课中对于教学内容独到的解答、在于对教育理念深刻的把握、在于对学生精准的理解下的精彩预设，是为学生准备、为他们的童年准备的。

叶澜教授曾说过："一个真正把人的发展放在关注中心的教学设计，会为师生教学过程创造性地提供时空余地。"随着时代变迁，我们的学生不再是一片白纸，由此我们更要关注有效备课，只有这样才能使我们在改革大潮中拥有鉴别能力，才能培养出有个性和创见的学生。备课中如果没有充分的预设，没有新的教学理念的支撑，没有良好的课堂驾驭能力，就无法生成有效课堂。

一、预设材料符合起点，实现动态生成

学生是学习的主体，是一个有生活经验和知识经验的、有生命动感的主体，而不是一张白纸。备课时对学生预设起点定位是否准确，直接关系到学生探索的热情和实效性。（例如"求比几多几，比几少几"的认识中）

	对学生了解	预设	生成
第一次备课	老师认为：谁比谁多、谁比谁少很难，学生不会	让学生在反复练习中认识多和少，例如：小刚比小明多2个，就是小明比小刚少2个	学生念经般地读绕口令
第二次备课	1.学生会在直观中逐步比较谁多谁少 2.学生具备一一对应的比较方法	出示8个大象棋和13个小象棋，哪个多	学生利用一一对应办法比出多少

第二次的教学预设准确把握了学生学习的起点，利用学生熟悉的比较多少的生活情景，别具匠心地比较大小象棋的个数，由于大小不同，不能完全取决于排好队后比较队伍长短比多少。学生根据以往经验，自主地进行一一对应比较，突破教

学难点，在动手中建构“比多少”的数学模型，一切都在不经意间得到展现，教学有效性跃然纸上。

二、预设材料开放，促成动态生成

由于每一位学生的智能水平不同、智能的类型不同、生活学习背景不同，导致在解决问题过程中，表现出不同的思考方式、不同的解决问题的策略。选择材料的开放性就是为学生提供多维思考空间。例如利用韩元和人民币的比值来巩固比知识，摘录《扬子晚报》上刊登的《在韩国做百万富翁》：刚来到韩国对韩元没有数字认识，后来才发现自己是一个真正的富有的穷光蛋。一个普通烧瓶 1000 韩元，一斤葡萄 3000 韩元，一盒最简单快餐 6000 韩元。看到这则信息学生有什么感受？能提出什么数学问题？为什么说我是富有的穷光蛋？像这样真实开放的预设在课堂上的良好生成效果是不言而喻的。学生积极性完全被调动，他们主动参与人民币与韩元的兑换，利用这一比值，计算物品的人民币价值，并对价格进行比较。一连串的数学问题如同马达般自然运转，数学就如同呼吸一般自然，试问这样的备课视角、这样的预设教学效果岂能小觑？

三、预设材料结合课堂生成，走向成功

课堂教学是一个动态生成的过程，随时都有可能出现“意外的通道”和“美丽的图景”，强调课堂生成并不等于教师“脚踩西瓜皮——滑到哪里算哪里”。问题在于，当“意外的通道”出现的时候，我们是否敏锐地意识到，并且能否经由这“通道”引领学生欣赏“美丽的图景”？教学是一种教师价值引导和学生自主建构相统一的活动。

在进行圆柱体积的备课时，我发现教材呈现的方式和传统教学方法都是将圆柱体切割后拼成近似的长方体，再通过计算长方体的体积来求解圆柱体的体积。在与学生日常交流中，发现这种方法有偏差，学生不怎么认同。那么还有哪种方法最贴近学生对圆柱体体积计算的理解？学生认为圆柱体是由无数个面积相等的圆叠加起来的。一次，课堂上演示圆柱体切割成长方体后，学生提出：“老师，圆柱切割成长方体只能是近似，不可能完全相等，我认为这样的方法是有误差的。”由于预设中我已考虑过这个问题，当出现意外生成时我大加肯定地说：“你有什么好办法

来求圆柱体积吗?”学生:“圆柱就是无数个面积相同的圆叠加起来,所以体积就是‘底面积×高’。”我赶紧提供圆片,让学生上来操作。这时学生的操作水到渠成,再比较原先长方体跟圆柱体体积推导,学生对知识的理解就更加深入。

谁说生成的精彩是无法预设的?我们在备课时精心准备,给学生的学习预留出一定的生成空间,使学生在课堂上不断思考、分析,就能给孩子提供属于他们的数学、属于他们童年的数学课。

执笔:温州市瓦市小学　黄玮慧

千里之行，始于足下

——我的低段数学教学心得

俗话说："三岁看大，七岁看老。"小学阶段是孩子数学学习习惯培养的重要时期，对今后的学习有铺垫作用，在这几年的工作中，我有一些低段数学教学的心得。

心得一：数形结合，直观体验。

"数形结合"思想是小学数学中常用的、重要的思想方法，通过数与形之间的相互转化，把抽象的数量关系转化为适当的图形，从图形的结构发现数量之间存在的内在联系，解决数量关系的数学问题。小学数学中，我加入"数形结合"思想，利用"形"把题中的数量关系形象、直观地表示出来。在课堂教学中适当地利用数形结合，把握数形结合之度，就可以使问题化难为易，化繁为简。在建构概念、引进新知、解决问题时，激发学生学习兴趣，发展学生的想象力及提高学生的思维能力。

例如：在一年级上册中，我在教学认识数时，在课堂上通过数与物（形）的对应关系，初步建立起数的基本概念。学习数的加减法时，通过实物小棒或小圆片等学具的摆一摆理解加减法的含义。在教学认识图形时，通过图形的认识与组拼，既培养学生初步的空间观念，也初步培养学生数形结合的思想，帮助学生把数与形联系起来，让数形有机结合。

一年级的孩子思维比较直观，我在教数形结合运用时基本上都用实物，方便观察和比较。二年级后，数形结合的培养逐渐深入。在教学"比一个数多几或少几的数是多少"时，很多学生和一年级时解决问题的方法混淆，常常弄不清楚什么时候用加法去解题，什么时候用减法解题。于是，为了加深学生对题目的理解，在课堂上，我开展了画线段图教学。让学生在解题时先把已知的数学信息和求解的数学问题画出来，再列式解答。原本以为线段图对学生比较难，但我却惊喜地发现，讲解画法后，大多数学生能画，而且在解决问题时也能有效帮助学生理解题意，从而做出正确解答。

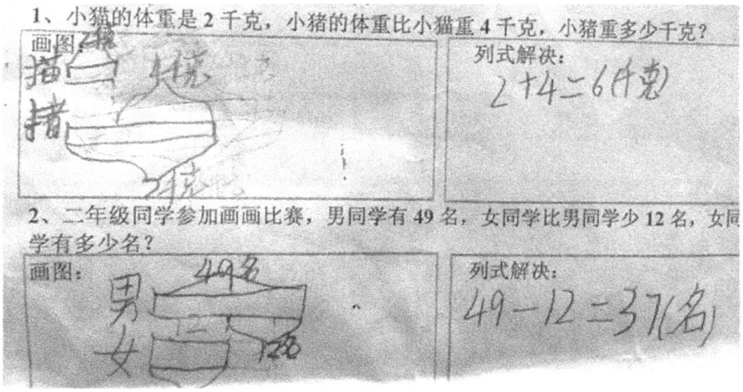

而在以后年级的学习中，随着学生年龄的增长，思维能力的不断提高，数与形的结合会更加广泛与深入。

心得二：局部美容，更加亮眼。

一个人，穿了新的衣服，或者换了一个发型，都会使整个人看起来比较精神。课堂教学也是这样，如果一堂课的某个教学环节设计得特别精彩，学生会非常投入，学生的情感就会被激发起来，课堂气氛就会非常活跃，教学效果就会非常好。

在教学一年级下册“找规律”时，在学生掌握了规律之后，让学生用自己喜欢的方式发现图形规律。

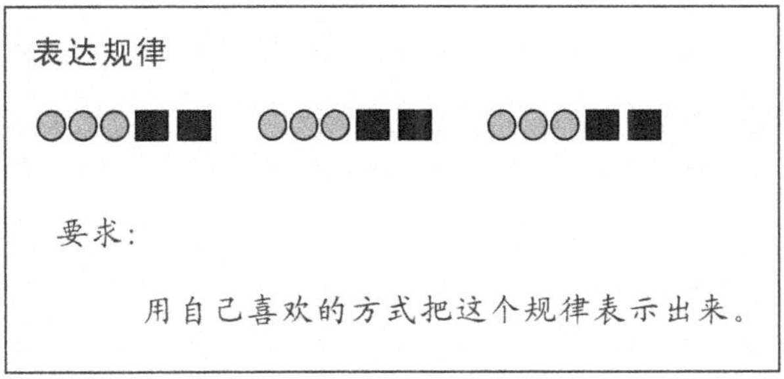

学生兴趣高昂，有用声音表达的，有用图形表达的，还有用动作表达的，课堂的气氛到达高潮，学生更是能将所学到的规律运用得淋漓尽致、妙不可言。

又如在教学三年级上册“分数的初步认识”，在练习巩固环节“比眼力”，让学生通过观察估计阴影部分占整个长方形的几分之几。学生看到游戏环节，异常兴奋。

看似在和学生玩游戏玩得热火朝天，实际上在这个过程中拓展了学生对分数的认识，通过对比加深了学生对几分之一的意义的理解，培养了学生估算的方法和逻辑推理的能力。

心得三：熟能生巧，体验成功。

天资聪颖的学生学习数学往往得心应手，数学方法很容易培养，数学思维很容易激发。甚至有些特别优秀的孩子不需要老师怎么教，自己都会了。但是，我们遇到的大多数都是普通的孩子，他们在学习数学的道路上并不那么畅快。他们必须靠后天的勤加练习来弥补不足，通过一定量的计算练习，提高计算的速度，才能在一定程度上缩小和优异生的差距，提高学习数学的成功感。

当然，练习不能是盲目的，我们要根据学生的具体情况做方法上的调整。就拿我们低段的口算来说。

起初，我要求学生在完成了课堂作业本之后，马上拿出口算本进行练习。但是一个学期下来，学习能力强的学生在课堂上能迅速完成课堂练习，在下课前就完成口算任务，口算能力得到了锻炼，但是学习能力弱的孩子只能是匆匆忙忙完成课堂练习，反而没多余时间练习口算。

于是，第二个学期我改变策略，让孩子在家长的计时监督下练习口算。一段时间下来，很多孩子在口算速度上都有了较大的飞跃。但是，部分家长根本没有计时，有的家长随便写个时间上去，甚至有些是孩子胡乱写的家长也没发觉。这部分孩子的口算速度远远落后于别人。

针对这样的问题，我采用每天课前3分钟的固定时间来练习口算。3分钟一到，孩子停笔，并做好记号，回家继续把一页中剩余的写完。试行一段时间，发现很多孩子昨天比前天做得多，今天又比昨天多做了几题，他们脸上也露出了喜悦的笑容。

心得四：数学日记，思维飞扬。

我们常常遇到学生观察能力不强、数学语言的表达不清晰等问题。在接下来的数学教学中，我将尝试培养学生写数学日记的习惯来改善这一状况。虽然刚开始学生会出现诸多困难，但根据以往经验，只要坚持下来，孩子们的数学观察力就会越来越敏锐，数学语言的表达也会越来越有条理。

有人说："人生有五大幸事，出生后遇到一对好父母；上学时遇到一位好老师；工作时遇到一位好师傅；成家时遇到一位好伴侣；晚年时遇到一个好子女。"我会为了成为学生人生中遇到的那位好老师而努力。

执笔：温州市黄龙二小　吴洁璇

跳一跳摘得到，摘到了别丢掉

在河边散步时，我看到许多柳树，走到一棵树旁去摘柳条，跳起身子一拉，只取到10厘米长不带叶子的一小截。旁边的弟弟跳上台阶，一跳抓下一根完整的柳条。那根柳条可以编帽子，可以编项链，还可以做手镯，我真羡慕。可是弟弟却把柳条扔掉了，他可能享受的是模仿我、自己来摘的过程。

现今学生的学习现状不也是这样吗？不论是哪个年龄段的学生，在课堂上模仿教师的操作学习课本知识时，学得可能比教师还好。但是知识最终逃脱不了被他们丢弃的命运：或是由于知识长久不用被淡忘了，又或是课堂教学的知识根本就无法被学生掌握。总之学生无力灵活运用学到的本领在生活中进行创造，重复做着“学到—丢掉”的无用功。

小学数学教师如何通过确定自己的教育目的从而改变学生的学习现状，让学生每天的生活有意义呢？我觉得有必要以自己小学数学教师的角色探讨教育工作目的的确立，明确通过自己的工作要教会学生做什么的问题，使我的工作有的放矢，激发学生学习的动力。我们还有希望，因为柳条明天还可以摘到，知识明天一样可以很好地被学生利用起来。

学生每天在学校自由支配的时间十分有限，每天7:30—16:20这8小时50分钟，学生在校，其中课堂教学时间有6小时30分，包括30(早自修)＋20(广播操)＋40×6(课堂)＋30(午休)＋10(眼保健操)＋60(四点钟课堂)＝390分钟，占学生在校时间的74%，学生自由支配的时间仅占26%，包括6个小课间60分钟，两个大课间80分钟，共140分钟。

我们教师应该尽量避免占用学生仅26%的休息时间，而应该利用学生休息时间批改作业，分析学生困难，好好准备下一堂课的内容，提高课堂效率，向学生课堂学习的40分钟要成绩。教师还应有意识地培养学生合理安排课余活动时间的态度。

一、教师工作应抱着服务学生的态度。当学生感受到教师设计的练习对他们的习作有效时，他们会保持练习的动力

事例1　走在农村小学课间的操场上，跳皮筋的女生可真不少。这项同学间流传的游戏我不会，而学生跳得真好，女生热衷这项活动，就像男生热衷于拍卡片一样，这些游戏他们一学就会，每天乐此不疲。优等生愿意每天在这游戏上花时间，暂困生也不例外，这似乎是小朋友们之间在课间交流的一种通用语言，是他们每天的"必修课"。

事例2　每周二、三上午7:30—8:00，我会来教室给学生读口算卡片，一年级时是20以内的加减法，二年级时是表内乘除法，现在学生三年级了，我给学生做(　　)×7<25这类小括号里最大能填几的口算。学生经过这些训练，对$6\overline{)278}$的笔算除法试商就没有困难。因此学生对这类练习非常喜欢。每天学生比赛在30秒的时间里谁想出的卡片多，当天没被轮到的学生会来恳求下次练习早点来到。

事例3　学校里的一些学生，父母没有给孩子零花钱。但是家里奶奶允许孩子拿空瓶子换零花钱，一个瓶子换一角钱。学生会主动拿个塑料袋在校园垃圾桶里或马路上寻找收集空瓶子，他们发现空瓶子的能力是普通人的好几倍。当能用换来的零花钱买到一包9角钱花生牛奶喝时，他们可开心了。

看来，学生感受到所做的事是有价值的，他们就会坚持去做，并在行动中培养自己的能力与习惯。我们教师设计的教学过程也应关注让学生感受到他们所做事的价值，抱着使学生喜欢我们所教的课程、让学生学会我们所教的内容的志向开展教学：一方面帮助学生顺利通过期末考试，另一方面通过合理的评价让学生体验到他们努力学习的价值。

在作业评价上，我制订规则：

当天完成作业交给老师改，教师给他画一颗星；书写端正，画两颗星；作业正确，及时订正，画三颗；创造性地完成较难作业，画四颗。

也就是说，每次作业学生最多能获得四颗星，期末获星总数决定学习积极一、二、三等奖，给予物质奖励。明确的标准，简单的操作，能使学生切实感受到自己的进步，还有可能在期末得到老师认可，孩子便会关心自己每次获得的星星数。为了表彰特别优秀的孩子，教师还可以灵活增加画星的数量，只要标准统一就行了。

通过这样的评价，学生学习数学兴趣高，作业用心，与没有进行类似评价的语文作业相比，学生的书写要端正得多。

二、教师教育的主战场在课堂。学生未被教师布置的任务感动时，他们是不会主动去完成的

本学期前四周，班级里每天总有10多位学生没有完成作业，午间休息时间没有一名学生能提前完成作业给我改，有完成作业的都是带回家请父母带着做的。而就在上学期，我可是被他们的学习积极性感动过的，每天几乎有一半以上的学生能在当天中午前就将作业交给我改。

我教学三年级下册一位数除多位数的笔算除法，作业是数学作业本。通过与10位没完成作业的学生交流并查看他们上学期的作业记录，我发现他们中一部分是没有及时完成作业习惯的调皮生，一部分是基础确实薄弱的学困生。

我问学生金炳勇："你为什么不做作业?"他的回答是："作业太难了。"从个别提前完成作业的学生自己也不确定对错、没有信心、作业吃力的情况就能看出，我的教学没有帮助学生突破难点。

幸运的是，我参加了温州市四项规范达标的课堂教学验收，给仰义一小的三(4)班学生上了我准备的笔算除法一课，也出现了学生学不会的问题，得到了区数学教研员杜丽丽老师的指导，终于找到了帮助学生克服困难的良方：

1. 在课前与平时，多给学生操练"(　　)×7<25这类小括号里最大能填几"的口算卡片练习。学生想这些问题熟练了，笔算时数商问题就不大了。

2. 学生最薄弱的地方就是从高位开始一位一位拉下来除，应在两位数除以一位数商两位数的笔算除法中落实。

3. 我教学的课例一位数除三位数商两位数的除法，难点是商两位数的情形。应当增加基础练习，追问商是几位数，商的最高位在哪位。

4. 对比笔算"一位数除三位数商两位数"与笔算"一位数除三位数商三位数"，让学生来描述笔算除法的方法——百位不够除，就用前两位去除，商在十位上。

我将这四条建议用在自己班的后续教学中，学生课堂气氛活跃了，课后作业积极多了。布置作业本第15页，很多能干的孩子一口气利用当天休息时间做到了第19页，并自豪地告诉我："老师，这是我用尽自己所有的智慧做的。"我一批改，全部正确。后续的知识不用教师教，学生自己就能融会贯通:他们学会了。

我在教学中还发现一个现象，学生的口算除法能力偏弱，对 42÷3 这类口算，不会用“30÷3＝10，12÷3＝4，10＋4＝14”的口算方法来计算。因此，我觉得笔算除法单元起始阶段应加强口算除法与笔算除法的联系，着重强化学生口算除法的能力，口算能力被学生掌握后方能服务笔算。在一位数除两位数商两位数的例题后，还可穿插一位数除三位数商三位数的笔算练习，让学生对比后描述出笔算除法从高位除起，要一位一位拉下来去除以除数的注意事项。这样学生学习这一单元会更顺利。教师教育的主战场在课堂，学生隐性的表达障碍和显性的解题不畅的困难大多是教师的不良教学引起的，只有用心解读文本、完善个人思考、从学生的困难出发，才能真正激发学生学习的动力。

三、教师应注重评价学生的学习与生活。学生是可爱之人，教师也要学做可爱之人

大多数情况下，学生经过课堂学习后，完成作业还是比较吃力的，特别是像英语这样学生没有基础的学科更甚，部分学生回家做练习或朗读时根本就不知如何进行，干脆就不做了。但是一旦学生利用课余时间去外面补习一下，作业一下子轻松了，原本磕磕巴巴的英语朗读也流利起来了。这是课余时间高效利用的成果。

由此，我反思数学是否也遵循这样的规律。

1.群体 1

通过与班级里经常没完成作业的孩子交谈，得知他们回到家的情况。

生 1:不会做数学作业，9 点睡觉，父母不在家，无人辅导。

生 2:5 点完成语文作业，电视看到 9 点睡觉，数学作业不做。

生 3:5 点到家，写作业到 6 点，7 点吃饭，到仰义二小找朋友玩单脚抓，7：30 回家睡觉，数学作业不做。

场景 1:周末中午去学生家里访问，母亲看店，孩子在看电视，父亲在睡午觉。

场景 2:晚上去学生家里访问，父母在店里做生意不在家，孩子独自坐在电脑前玩着网页游戏。

场景 3:一位一年级学生，和母亲在温州生活。母亲夜里去上班，把孩子锁在 6 平方米的宿舍里看电视，想上厕所时门打不开，后来拉在塑料袋里。然后一直看电

视到9点半，直到看完最喜欢的节目才睡觉。他的作业晚上5点就完成了，是属于学习较顺利的学生，他最期待能和很多朋友玩，其实这比看电视更有吸引力，从他每天中午回家一吃完饭就来学校门口等开校门而不在家里看电视就可以看出来。

以上是一些不能自主合理安排时间的学生的例子。特别是生2，造成他学习困难的一个重要原因便是课后无人监管，时间挥霍无度，造成学生无心向学，学习动力不足。

2. 群体2

通过与班级中作业能及时完成的孩子交谈，发现他们回家后的情况。

生1：学作文、奥数、英语，学完看电视，吃零食。

生2：做父母布置的作业，妈妈会批改，然后看电视、玩自己喜欢的玩具、找同学玩。

生3：参加课外学习每周四项共8节课，喜欢课余去朋友家做客、看课外书。

场景1：四点钟学校，一位原本经常调皮惹事的学生，早早地完成作业，用心写起日记来。原本要求一星期一篇的读书笔记，他两个星期高质量地完成了10篇。原来孩子在学校里玩耍时弄坏了一年级的门，他的父亲利用周末时间把门扛回家进行修理，以身作则，给孩子示范承担责任的含义。孩子似乎有些懂了。

场景2：老师利用课余时间辅导学困生笔算除法，孩子知道一些了，但是还挺模糊，教师将有关书籍借给他们看，课堂上时常请他们上台板演、手把手教他们练习，使他们在大家面前获得成功的体验，现在他们进行笔算求商熟练许多。

每个人的时间是一样多的，成败的关键在于是否能合理利用时间，是否有成功的体验。那么作为指引者的教师，应有怎样的教育目的与策略呢？

其实，通过课堂教学不难发现，我们的学生是可爱的人。大部分学生能自觉地利用课堂时间学习，思维集中，非常投入。好比自己在篮球场上比赛，抱一颗求胜的心、有表现的欲望，但此时如果我们听到别人说我们不负责，那可真是太让人泄气了。在我工作的第一年，德育教导来指导我的数学课堂，她指出我一堂课中的40句评价语，其中有30多句是让学生泄气的话，有奚落学生的，有讽刺学生的。《孩子，把你的手给我》一书建议我们，将我们的学生当成客人来看待，他们是可爱的、有上进心的，我们也要做一个积极可爱的评价者：

"孩子，你能正确解答这么难的习题，恭喜你！"

“你把这个问题说清楚了。”

“你现在怎么这么喜欢数学了!”

“你下课了还不休息呀!”

“你有点知道了。”

“祝贺你,你懂得时间的宝贵,会珍惜时间了!”

“我就知道你一定会成功的!”

……

老师们,让我们放松点。成功的教育在于课堂,更在课余生活的点点滴滴。我们若抱着服务学生的态度,关注细节,利用好课堂时间与课余时间,积极评价,指导孩子利用生命的每一分、每一秒去感受美、追求美、创造美,产生求知的欲望,从而感知到学习是有趣的事情,我们就成功了。此时学生的学习状态最佳,考量的标准并非孩子得到了多少分数,而重要的是他感受到了美好,愿意花时间去创造美好。不要让我们的学生等有了工作之后才开始体验生活,其实生活就在当下:“同学们,学到真本事,才能真开心!摘下柳条,用它来装扮美好的生活吧!”

执笔:温州市马鞍池小学　苏润

关于如何提高作业效能的思考

在数学教学中，作业是学生进行学习最基本的活动形式，学生数学概念的形成、数学方法与技能的获得、智力和创新意识的培养，都离不开作业这一基本活动。作为一线的老师，如果每天都要花很多时间和精力在作业的设计上，这样操作起来难度太大而且效率也不高。就现状来看，大多数的老师都是选择一两本配套的练习，每天布置相应的页数让学生去完成。我个人认为这样的做法也未尝不可，因为很多的配套练习都是由多位专家合力制作的，其中必定有很多的"精华"，只要我们灵活地去选择和运用，就会给我们的工作"锦上添花"。当然，由于学生间的差异，老师对概念的看法不同，单一的配套练习有时不能为我们所用，这时我们就可以设计一些符合自己班级学生学情的作业。在自己设计作业的过程中，我有一些小小的体会，很高兴能在这里与大家分享。

一、设计趣味性作业，激发学生的学习动机

美国心理学家布鲁纳说："学习的最好刺激是对所学材料的兴趣。从学生熟悉的生活情境与童话世界出发，选择学生身边的、感兴趣的事物，以激发学生学习的兴趣与动机。"作业设计时，我们可以从学生的年龄特征和生活经验出发，设计具有趣味性的数学作业，以激发学生的学习兴趣，使学生成为一个学习的主动者。如：在学习了"两位数加一位数的进位加法"后，可以设计一道"帮助小兔找门牌号"的游戏性作业。即小兔接到小熊打来的电话，邀请小兔到他家去玩，小熊说，他家的门牌号是46号。可小兔到了小熊居住的小区一看，傻了，原来这里的门牌号都是一些加法算式，你们能帮帮小兔找到小熊家吗？为了改变原有计算题枯燥、乏味的现象，可设计一些如"找门牌号""小熊闯关""小壁虎找尾巴"等带有趣味性的作业。前段时间在口算过关练习中，我设计了"灰太狼找羊"口算纸：在口算中选择几个答案作为"小羊"，学生用最快的速度找出这些"小羊"。这就要求学生既要速度快还要运算正确。把一道道计算题融合在故事情节中，让学生在轻松愉悦的氛围中，掌

握运算的方法和技能，提高了学生的计算能力。

二、设计分层作业，重视学生的个性差异

《数学课程标准》指出，要实现“不同的人在数学上得到不同的发展”。从教育学、心理学角度看，学生能力是有差异的，对作业的要求自然也应该有所不同。因此，老师设计作业时要面向全体学生，尊重学生的个体差异和不同的学习需求，为每一名学生创设自主发展的环境。例如，可以把作业设计为“必做”和“选做”两个层次，或者将作业按难易程度分为★、★★、★★★三个层次。思维能力、理解能力都比较强的学生可选择★★★、中等生可选择★★、稍差生可选择★。例如，在二年级下册学完“解决问题”后，便设计了如下的作业：

★小明今年 11 岁，比爸爸小 28 岁，爸爸今年几岁？

★★小明今年 11 岁，比爸爸小 28 岁，今年爸爸和小明共几岁？

★★★小明今年 11 岁，爸爸 39 岁。当小明 34 岁时，爸爸几岁？

此种作业设计可以调动学生完成作业的积极性，避免作业的单调、枯燥，同时也让学生在解题的过程中掌握知识的要点、积极思考，提高了灵活运用知识的能力。但需要强调的是，分层性作业有时会对学生产生一种划分等级的错觉，为了避免让学生产生这种困扰，我尝试着把每次的作业都采取“最高星级制”。如本次作业是“最高 5 星制”，那么学生可以自由选择一星、二星和三星类的题目，从中累加得到 5 颗星就可以了。这样无论是优等生还是学困生都能获得成功的体验。

三、设计合作型作业，培养学生的合作精神

数学来源于生活，又服务于生活。数学教材中，许多内容与社会、生活密切相关，要让学生通过观察、考察、尝试等活动，加强社会认知，提升社会参与意识，促进个体的社会化进程。这类作业可结合某一教学单元某个研究专题进行，根据具体内容，可以独立完成，也可以采取多人合作的形式。《数学课程标准》强调：“动手实践、自主探索、合作交流是学生学习数学的重要方式”“学会与人合作，并能与他人交流思维的过程和结果”。在作业设计时，我们要打破传统作业“独立型”的形式，根据合作互动的原则，设计相互切磋、共同合作完成的“合作型”作业。学习《认识时间》后，同桌合作制作《我们俩的周末时间表》。在完成这一作业过程中，同桌的

学生就会两个人一起商量去干些什么事，在什么时间去做哪些事情比较好。经过一系列的商量、修正之后，学生对时间段的概念就会逐渐清晰、明朗。在这个过程中学生们在互助中促进了交流，在交流中学会了合作，同时也学会了互相尊重和妥协，知识、技能、情感都得到了发展。

四、设计开放性作业，强化学生的创新能力

开放性作业表现为内容的开放、形式的开放，具体反映在解题方法和策略的开放、所求问题的开放、答案的开放等方面。如在学习了“100以内数的认识”后，就可以设计题目1：找一找我们身边的数字朋友，说说他们是由几个十和几个一组成；题目2：一个两位数，个位上的数比十位上的数大3，这个数可能是几。这样的问题有利于加深学生对所学知识的理解，拓宽思路，能较好地培养学生思维的广阔性。在学习了《找规律》后，让学生自己设计有规律的画，然后全班反馈、交流，每个孩子在介绍自己所创造的规律同时，也通过欣赏其他人的作品，试着去发现别人所创设的规律。这样就发挥了学生的自主开放性、主动性、独创性和灵活性，能让学生在完成作业的过程中释放自我潜能，寻求新颖独特、富有创造性的解法，有利于激发学生学习的兴趣，为学生提供自主探索和展示自我的机会，培养学生的求异思维和提出问题的能力，使学生成为一个创新者。但是在实际的操作中，我也经常会产生这样的困惑：如何在作业设计中更有效地培养学生发现问题、提出问题的能力？

总之，数学作业的合理设计既能调动学生的学习积极性，让他们积极主动参与获取知识的全过程，也能让他们认识到数学的价值，使他们喜欢数学、乐学数学。

执笔：温州市瓦市小学　金敏洁

基于原型——因“钟”生辉，驱动原型——因“张”而顺

“好雨知时节，当春乃发生。随风潜入夜，润物细无声”。无痕的春雨滋润着大地，万物复苏，大地一片生机。教学亦应该如此！让学生在不知不觉中开始学习，在潜移默化中积累经验，在春风化雨中感悟思想，“将教育的意图隐藏起来”，无痕中收获有痕！

一、角的初步认识——因“钟”生辉

“角的初步认识”的课例很多，由于“角”首次作为教学内容出现，利用学生的生活经验让学生有话可说，从生活中引入角成为教学引入的首选策略，教材上也是这样呈现的。但是也正是因为与角初识，生活中“角”的副作用对角的教学也产生了“负迁移”，比如墙角、桌角，甚至牛角，即使“墙上有角，书上有角”的表述之后，学生在指画时也很模糊，进行指导有时费时费力，还不易说清。基于这样的考虑，我将角的引入视角转移到相应的认知体系当中。要解决这一个问题，我们回到数学的源头进行分析：数学上为什么要定义角？是出于解决什么问题的需要？也就是要回答：角的概念是基于怎么样的原型发生、发展起来的？角的定义：一点引出两条射线所组成的图形。把角的两边定义成射线，射线就无须比较长短。这隐含着一个事实：角不是研究边的长短，而是研究边张开度大小的需要。既然是研究角两边张开度，那么我们应当引出学生最易接受的生活原型中有关张开度的问题，“角的初步认识”一课教学，让学生联系生活实际，以“钟面”这个动态变化的角为载体唤起学生已有知识经验；以钟面这个动态角为载体初步感知角的变化。由此，“角”因“钟”而生辉。

设计实例一：因“钟”生辉

我摆你猜，激发兴趣

1. 从动态角的变化中，激发探究兴趣

师:同学们在一年级的时候初步认识了钟面,今天这个钟面有什么地方不一样,想不想挑战一下?

课件出示钟面(1 时)。

师:说说这是几时?

生:1 时。

继续出示 5 个没有数字和刻度的钟面,大家能猜出是什么时间吗?

2. 抽象出特征

师:老师将钟面抽掉,只留下了时针和分针。

师:像这样分针和时针组成的图形,我们把它叫作角。

(揭示课题——角的初步认识)

师:这些图形都被称为角,他们有什么相同的地方吗?

3. 独立思考,小组交流

二、驱动原型——因"张"而顺

"顶点""边""叉开程度"是角的三大要素,教学中我们往往在认识角后,通过让学生制作活动角,比较大小,得出角的大小与边的长短无关。然而问题是学生不知道什么是角的大小、如何比较角的大小。这难免有循环论证的嫌疑,学生在活动中有不知所云的疑惑。因为对"角的大小"问题学生往往会用已有的知识经验来解决:如看边的长短来判定角的大小(一维的角度),或看角的图形所包含面积的大小来判定角的大小(二维的角度)。学生要建立起"角的大小"的观念,必须要进行认知的重组。也就是说,学生必须"跳出"一维长度和二维面积的认识来学习"角的大小"这一新知——这对于二年级的学生而言,理解上比较困难。

要解决这一个问题,我们回到数学的源头进行分析,数学上为什么要定义角?是出于解决什么问题的需要?也就是要回答:角的概念是基于怎么样的原型发生、发展起来的?角的定义是"一点引出两条射线所组成的图形"。把角的两边定义成射线、射线就无须比较长短。这隐含着一个事实:角不是研究边的长短,是研究边张开度大小的需要。既然数学中定义角是研究角中两边张开度,那么我们应当引出学生最易接受的生活原型中有关张开度的问题,强化角的功能的理解。

设计实例二:因"张"而顺

1.感受张开

出示鳄鱼图片

师:你能在这里找到角吗?

哪只鳄鱼的嘴巴张开更大?你能用手势表示两只鳄鱼嘴巴张开情况吗?(感受张开含义)

2.设问质疑(实物图—手势—角)

师:为什么是小鳄鱼?明明是大鳄鱼的嘴巴长呀!

生:比较的是谁张开的大,跟长没有关系。

师:鳄鱼张开的嘴巴形成一个角,那你觉得哪个角大?为什么?

生:两条边张得越开,这个角越大。

3.小组合作

小组合作1:同桌合作制作一个角,4人小组内比一比谁做的角大?

(学生上台展示)

小组合作2:同桌合作摆出数学书上一角,4人小组比一比谁摆出的角大,为什么?

小组合作3:师生合作,取角比较大小。

总结:角的大小:与张开的大小有关,与边的长短无关。

三、总结这节课的收获

动态角的展示,新教材与老教材相比,在“角的初步认识”中增加了大量的动态角的内容,旨在让学生感受角的由来,打通生活中的数学联系与区别。由此,课堂一开始就利用学生熟悉的钟面以及时针、分钟的转动形成一个个角,让学生初步感受到角的动态形成——因“钟”生辉。然后是角的大小动态感受——因“张”而顺:比较角的大小,如果缺乏了大量动态感受就是纸上谈兵,通过比鳄鱼嘴巴张开的大小,比画角的大小,比较数学书上的角,再比较不同同学组搭的角,最后比较师生不同长度小棒组搭的角。这样的设计层次感强,层层活动突出一个“动态”,诠释了新教材中“角的初步认识”这一课的重点。

执笔:温州市瓯市小学　黄玮慧

“规定”的背后

课堂上，数学老师经常会说：“在数学上，我们是这样规定的……”“我们来这样规定……”然后便把约定俗成的定理拿出来娓娓道来，似乎也没什么不妥。所谓的“规定”也就是跟学生说，就是这样做的，记住就可以了，不这样写就是错误的。而“规定”的背后到底隐藏着些什么，我们教师有没有去细细挖掘呢？

教学过“笔算除法”这一课的老师会有这样的感触，学生很容易把 54÷6=9 的竖式写成：$\begin{array}{r} 9 \\ 6\overline{)54} \\ \hline 0 \end{array}$或者是$\begin{array}{r} 9 \\ 6\overline{)54} \end{array}$，把 45÷3=15 的竖式写成$\begin{array}{r} 15 \\ 3\overline{)45} \\ 45 \\ \hline 0 \end{array}$。学生认为这样书写可以写出结果了，而按“规定”格式写显得特别麻烦。我曾经也遇到过这样的情况，不管给学生怎么准确地示范，仍然有个别孩子出现这样的错误。孩子出现这样的情况，显然是没有领悟除法竖式的意义。待第二次教到二年级除法竖式时，我决定改变教学方法。让孩子们回顾了加法和乘法竖式的写法后，我大胆地猜测：他们心目中的除法竖式是怎么样的？呈现出这样几种写法：

生 1：$\begin{array}{r} 24 \\ \div\ 6 \\ \hline 4 \end{array}$

生 2：$\begin{array}{r} 4 \\ 6\overline{)24} \end{array}$

生 1 能根据加法和乘法竖式的特点写出这样的竖式是很不错的，我给了他赞许。我试着问他：“如果是有余数的除法竖式那怎么列呢？”孩子很有自己的办法，列出以下竖式：$\begin{array}{r} 25 \\ \div\ \ 6 \\ \hline 4 \cdots\cdots 1 \end{array}$

而生 2 肯定地说：“我用了口诀，四六二十四，很快就算出商了。”孩子自己解决了问题，这个时候如果再拿出我们的“规定”显然没有任何说服力。既然“规定”是那样写的，“规定”中又有什么特殊的含义呢？无独有偶，正当我对这个问题存在困惑的时候，正巧无意中翻看《小学数学教师》杂志，全国著名特级教师俞正强对于这个问题提出了自己的观点：

为能使学生了解笔算除法这么做的意义，俞老师特地用分棋子的活动方便学生理解。以 15÷3=5 为例，请一位学生上来把 15 个棋子分到 3 个圆里，该生很容易就把棋分好了，并且师生共同合作总结出了活动过程中的各种量在其中的位置：

$$\begin{array}{rl} 5 & \\ 3\overline{)\,15} & \longrightarrow \text{老师的一个15} \\ 15 & \longrightarrow \text{学生的三个5} \\ \hline 0 & \longrightarrow \text{剩下的} \end{array}$$

把平均分的过程全部表示出来，看起来一目了然。紧跟着俞老师又询问

$$\begin{array}{r} 15 \\ 3\overline{)\,45} \\ 45 \\ \hline 0 \end{array}$$

和

$$\begin{array}{r} 15 \\ 3\overline{)\,45} \\ 3 \\ \hline 15 \\ 15 \\ \hline 0 \end{array}$$

这两个式子到底哪一个对，还是请学生用棋子把 45(见下图)平均分成 3 份。第一个学生把 3 个●分成 3 份后就无法继续下去，第二个学生把 3 个●分成 3 份后，把 1 个●换成了 10 个○，然后再把 15 个○五个五个分，顺利地完成了任务。经过观察，对 45 平均分的过程用

$$\begin{array}{r} 15 \\ 3\overline{)\,45} \\ 3 \\ \hline 15 \\ 15 \\ \hline 0 \end{array}$$

的写法才能体现出来。

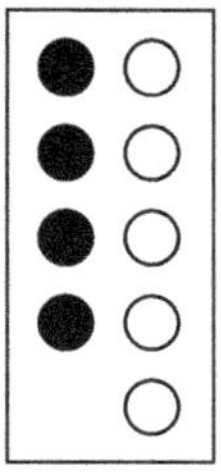

经过对

$$\begin{array}{r} 5 \\ 3\overline{)\,15} \\ 15 \\ \hline 0 \end{array}$$

和

$$\begin{array}{r} 15 \\ 3\overline{)\,45} \\ 3 \\ \hline 15 \\ 15 \\ \hline 0 \end{array}$$

的探究，我们可以看出除法竖式是对平均分过程的记录，

体现了除法的意义。

学生要理解除法竖式“规定”写法，要经历过平均分的过程，只有经历了，理解了，才能读懂“规定”背后的信息。作为教师，除了给学生一些“规定”之外，是不是还应该多给予孩子发现“规定”背后秘密的机会呢？

执笔：温州市瓦市小学　周宓

第三篇　舞者履迹——教学随笔篇

在镁光灯下，舞者深情款款：飘飞的衣袂仿佛彩蝶的翅膀，要在琥珀色的阳光里亲吻花朵的芬芳；温婉的目光盛满了醇厚的佳酿，被记录于跳动的时光。

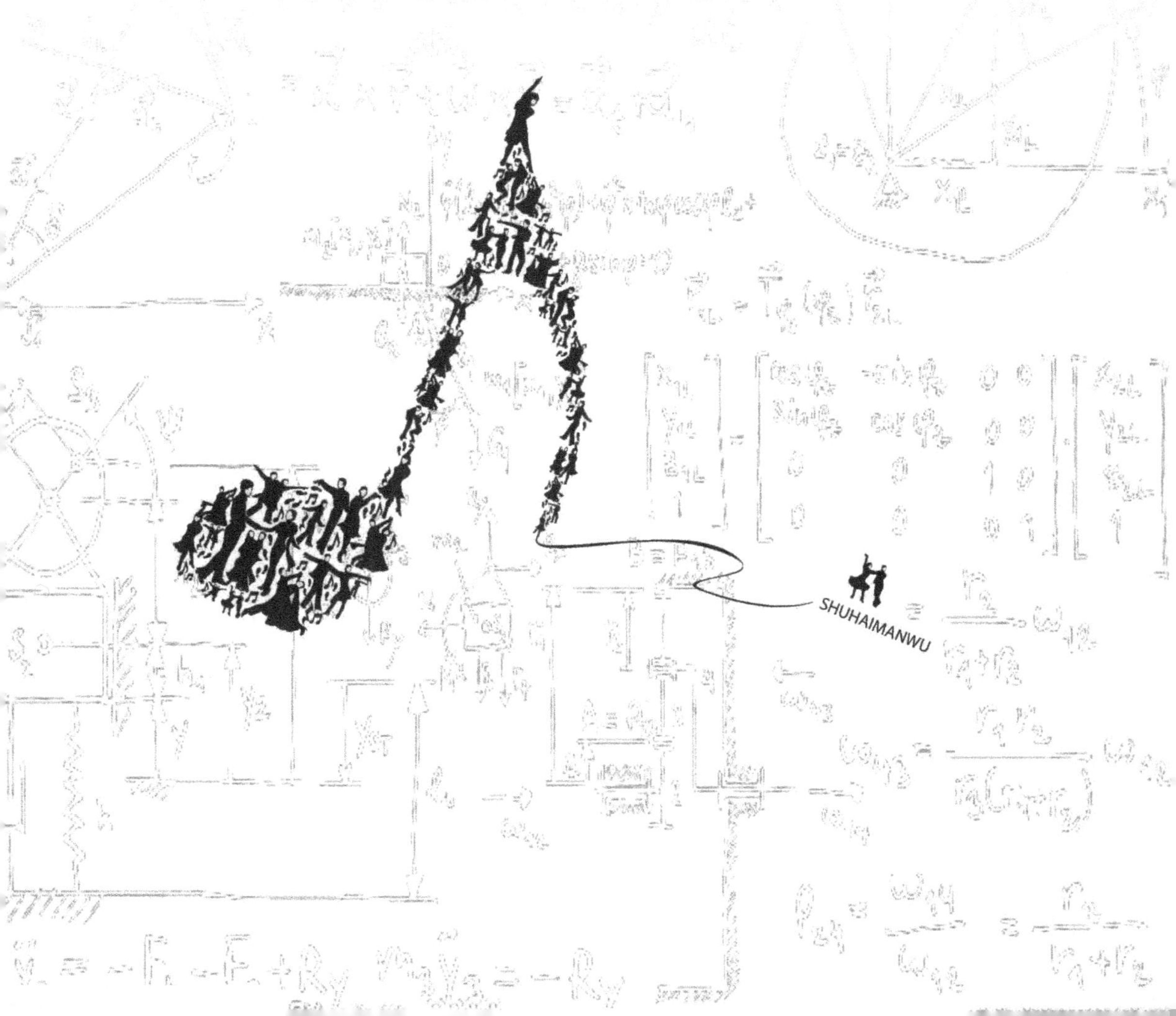

百花齐放春满园

——区首届名师工作站开幕式上的讲话

尊敬的各位领导、老师：

下午好！

马年的钟声即将敲响，在这辞旧迎新的日子，我们相聚于此，共同见证首届区名师工作室的授牌仪式。能有幸成为黄龙一小名师工作站的站长和新的学习工作团队中的一员，我深感荣幸，并深知肩上的责任。此后的两年中，我一定尽我所能，与所有学员共同进步，分享大家的智慧、感受大家的执着、研读大家的思想、共同谱写我们教育教学的新篇章。

接着，我想借用三个数学名词简要地说说我们这个名师工作室的一些构想和工作特点。

第一个关键词是“射线”。射线只有一个端点，另一边可无限延长。我们名师工作站的主打学科为科学和数学，虽是两个学科，却有着千丝万缕的联系，数学是自然科学的基础，符号是数学和科学共同的基因，逻辑思维是这两个学科的学科特质。所以，我们这个名师工作站把数学和科学这两个学科安排在了一起，我就给我们这个工作站取了一个响亮而意义非凡的名字——“一科(科学)数(数学)”名师工作站。我坚信，大家的支持是我们这条射线的端点，那我们所有的努力与付出将是那无限延长的另一端，展望前方，任重而道远，我们的团队必将成为一条最长最闪亮的射线！这条射线所延长的深度和覆盖的广度是无限的，惠及的不仅是工作室的所有成员，而且还有鹿城西片学校和乡镇小学的老师们。我相信黄龙一小“一科数”名师工作室定会遂愿如初！

我们不仅有站名，还有建站口号——回归实践，追寻教学本真。实践就是课堂，我们以服务教学一线，提高教学质量为总目标，把工作重点定位于“以生为本，立足课堂，研究课堂，全面提高教学质量”。近年来，鹿城教育教学工作，在局领导的关心与指导下，佳讯频传，人才辈出，多处开设有市级名师工作室和区级名师班，我们的这个名师工作室与其他的工作室有何区别呢？这里就要用上第二个关键词："1＋X"，以往的名师工作室挑选门槛很高，采用精英式教学模式，无形中忽略了一批农村学校和发展中学校里默默无闻却一心向上的青年教师，他们苦于无缘伯乐、无名师指点。本站吸纳了一批有发展潜力的青年教师，力求建成一个目标明确、思路明晰、梯队明显、规程明细，在鹿城区初具辐射功能的名师工作室。这所谓的"1"就是一个团队，我们将打造一个智慧囊工作室团队，在团队中，导师根据每个学员的不同特点，细化分工，使得每个人发挥所长，资源共享，形成强大的智慧共同体。这里的"x"是指工作站的导师在了解了学员的特点后，针对性地进行分组，有效开展活动，使每个学员在原有的基础上得到不同层次的提升，培植优秀教师，建设名师梯队，规范日常管理。工作室每月举行1次工作例会，总结上月活动，布置下月工作，开展学术沙龙；工作室成员围绕一个中心话题轮流主持或主讲，其他成员参与讨论，不断增强工作活力；工作室关注加强与其他工作室、研究团体的交流与互动，实现资源共享、思想碰撞、共同提高。另外，根据计划，工作室成员每学期至少承担1次外校或区级以上公开教学任务，参加工作室的各类教研活动，在不断的实践、磨炼中提升课堂的敏感度，并发挥学员的示范带头作用，送教下乡。从量变到质变，学习期间，我希望我们的培训强度能使每个学员身心愉悦地参与，不增加过重负担，在轻松中提升，在无形中进步。

课堂和教研是两把刷子，所以，加强教育科研，营造浓郁的教科研氛围，提升每一位工作室成员教科研水平，提高教育教学论文发表的数量和档次，是我们工作站的另一个工作重点，这里就用上第三个关键词："无限"。成为好老师的捷径是什么？我觉得是：阅读和思考——让自己成为一个无限的学习磁场，海纳百川。所以，我要求学员们能博览群书，每人每学期至少阅读1本教育教学理论专著、3种教育教学杂志、5本经典著作，并经常关注教育教学动态，提高教学素养。不只阅读本学科的书，更要善于触类旁通、沟通各学科教学、涉及教育各领域、丰富教育内涵，化"冰冷的解题"为"火热的思考"。

各位领导、老师，两年的时间很短，真心期待经过两年的学习和交往，我们能够相继在各自的工作园地里竞相盛放，创造出"百花齐放春满园"的美好意境。谢谢大家！

执笔：温州市马鞍池小学　陈雯

2014年1月

致谢

——“一科数”名师工作室

我的云在黑暗中忧伤，
忘记了那是因为它们自己，
遮蔽了太阳。
当乌云被阳光亲吻时，
它们就变成了天空的花朵。

感谢在“一科数”名师工作室的时光，感谢交流、碰撞、成长。以前我们为什么迷茫？为什么埋怨？为什么看不到彼岸？那是因为我们身边缺少这样的工作室的阳光。于是我想起《萤火集》的上述诗句。

一、阅读——一种积极的悠闲

在工作室的两年时间里，抑或忙得没有头绪，抑或心情不好，抑或迷茫的时候，我会随手翻开《小学数学教育》《走进数学》《让思维插上技术翅膀》《江苏教育》等书籍。我觉得阅读是一种享受，享受片刻的悠闲和陶然自得的幸福。在我的意识里，阅读是一种悠闲，一种积极的悠闲。这种悠闲不是敷衍工作，而是为了更高效地工作，是对工作的一种近乎虔诚的热衷，也是我在工作室的一种学习方式。

二、差错——差错成就的完美

因为执着于对差错的理解，在它的集结号下，我们聚集在特别优秀的省教坛新秀陈雯老师的麾下，共同研究差错、寻找启迪。记得探讨“三角形的三边关系”时，学生认为“两边之和大于第三边时就能围成一个三角形”，我们工作组成员反复试验、积极研讨。立足学生错误思维的成果，敏于捕捉差错背后隐含的教育价值，引领学生从错误中求解，在错误中探究。是的，正确的可能只是模仿，错误的却可能是创新。我们工作室在陈老师的带领下用放大镜看学生的思维闪光点，同时放大镜还折射出了我们工作室的智慧、友谊、勇气。课堂因差错而精彩，已经成为大多数老师的共识。在现在的课堂上学生不必担心出错，“思考过不用说抱歉”，在工作室的每一天和大家一起看差错、纠差错、携手前行，乐也，足矣！

三、吾师——严谨、洒脱的陈雯

陈老师作为一名年轻的省教坛新秀，作为我们的导师，她的教导从“蹲下身子成为学生”开始。陈老师总是说：“学生会说什么？学生会知道什么？”要求我们思维贴近学生，与学生相似。要求我们熟悉儿童，理解儿童，与儿童心心相印、息息相通。细细品味陈老师独特的教育观：视野决定思维、心智启迪智慧、童心开启智慧，我领悟到，我们必须变成小孩子，才能配得上小学教师的称号。不在其位，不明其苦。只有真正“站”到学生那边去，“忘却”自己的教案，才能走进孩子的世界。

四、反思——有中生无，无中生有

教是行为，思是觉悟。反思成就思想、成就素材，学习素材无处不在，也取之不尽，用之不竭。只有我们关注学生、关注他们的生活现实、关注身边的大事小事，才会使得数学“才”源茂盛，使课堂焕发生命力。从课中的“有”，反思课中没有察觉的问题。从课中的“无”，反思学生知识体系的“有”。宇宙间，花开花落、春生夏长、秋收冬藏，只要思，解决问题的方法就会层出不穷。例如：“角的初步认识”中，“顶点”“边”“叉开程度”是角的三大要素，教学中我们往往在认识角后，通过让学生制作活动角，比较大小，得出角的大小与边的长短无关。然而问题是学生不知道什么是角的大小，如何比较角的大小。这难免有循环论证的嫌疑，学生在活动中有不知所云的疑惑。该如何教学？先教角，还是先教角的大小？工作室成员足足为此开展了3次辩论会。小思则小进，大疑则大进。反思源于困惑，却超越了困惑，促成我们迈进思维的殿堂，入之愈深，其进愈难，而其见愈奇。

思想改变课堂，组团成就梦想，乘着思想的翅膀，师生一起飞翔，飞翔于课堂之中，如鱼之在水、如鸟之在林般自在。

好风凭借力，送我上青云。我们很幸运，我们遇上了这样有凝聚力的工作室。我们知道彼此需要的幸福就在这里,就在这片天,我们才能飞得更高、更高……

执笔:温州市瓦市小学　黄玮慧

我的教育故事

好的开端是成功的一半，有效的课堂导入不仅能很快集中学生的注意力，而且会激发学生学习的兴趣。因而课堂导入是课堂教学这门艺术中极其重要的一部分。

从走上讲台以来，我最大的感受便是：课堂教学让我重新认识了师生之间的关系。原来一直以为师道尊严，教师是高高在上的，其绝对权威不容置疑。随着工作的不断开展、与学生的不断接触以及业务学习的不断进步，我逐渐明白：课堂是师生间的一种对话，师生地位应该是平等的，没有绝对的权威，也没有绝对的平等。在教学实践中我逐渐意识到：只有在和谐、平等的师生关系中，我们才会感受到孩子们真正的自主；只有蹲下来与孩子说话时，我们才会发现孩子们原来也是这般的伟大；只有心中充满爱，我们才会感觉到生活是这么丰富多彩。

以下的一个小故事是我教学中的点滴再现，虽平凡，但真实，正是因为有着一颗平常之心，我才觉得跟孩子们在一起，我学到了很多很多。

在教“比较万以内数的大小”这一课时，我事先让学生带来了厚厚的书本，告诉他们比比看看谁的书最厚、里边装的知识最多，就当着全体同学的面给他颁发“知识小博士”证书，学生们迫不及待地搬出从家带来的厚书，寻找着书本最后的页码。“我的页数最多，有 988 页！”王春滢第一个把自己带来的书的页数报了出来。

“988！”我一边认可地点头，一边把数字一板一眼地写到黑板上，然后郑重其事地宣布：“这本书有 988 页，这个数可真不小哇。看来这个证书得发给她了！”我话音未落，就听见吴梦瑶大声说：“老师，我的页数比她的还多，有 1302 页呢！”“1302?”我把这个同学报的数字写到 988 的旁边。“凭什么就说 1302 页比 988 页多?”文艺委员从来不肯轻易认输：“你的都是 1、2、3，还有个 0，我的数都是 9 和 8，怎么不比你的大?”她的质问还真拉来了响应的伙伴，但同时也激起了更多的反对：“988 再大也没有到 1000，1302 可是一千多呢！”“1302 是四位数，988 是三位数，四位数就比三位数大！”激烈的争论中，同学们时而独立思考，时而互相商量，一次、两次……直到我郑重地宣布第四次,大家才心服口服地让我把证书发给了吴梦瑶。

一节课的时间就这样不知不觉过去了。这节课我成功地完成了教学任务,正是在课堂一开始就营造出了一种积极思考的环境,学生才更放得开。在课堂中,我总是尽量以学生为主体,给学生充分展现自己的机会。于是在自由讨论、自主发言、自主参与学习的过程中,学生增强了对数学知识的热爱。我想,只有尊重学生、顺其自然,学生才会学得轻松、学得愉快。

课后我在想:数学所要给予学生的不仅是逻辑思维和计算能力,还要让每一个学生"长"出一双数学的眼睛,发现并有兴趣解决生活中无数个数学问题。体验多了,信息丰富了,课堂活跃了,探索有价值了,孩子们的兴趣浓了,数学也就不再枯燥了。只有这样,"学生成为学习的主体"才不是一句空话;只有这样,学生的个性才能在学习活动中尽情地舒展;也只有这样,学生的思维才能在激情的陪伴下自由地飞翔!

执笔:温州市马鞍池小学　娄天婵

相识　相知　相伴

"林花谢了春红，太匆匆。"转眼间，为期两年的"一科数"陈雯名师工作室的学习提升工程即将画上圆满的句号。初见彼此时的那份青涩模样还那么清晰，两年光阴倏忽已逝，回首一路走来那些深深浅浅的脚步，那些熟悉的场景还留在记忆的城池，回味恬静而悠然。陈雯导师为我们解决日常教学实际中的疑难困顿，学员们自由交流思想、工作、读书和生活，"一科数"为我们搭建了一个专业成长平台，让我们大家都受益匪浅。

一个成功的工作室，会使导师与学员、学员与学员、学员与课堂相互影响，不时碰撞思想，迸发出思维的火花。吴加加老师执教六年级下册"统计"，把"微博"引进课堂，用全新的视角，演绎着生活中的统计，引领孩子们在"做"和"思"的过程中，关注生活中的数学应用，积累数学活动经验，让听课老师有一种耳目一新的感觉。黄玮慧老师执教的"折线统计图"一课，通过丰富的素材，激活学生的已有经验，把学生的注意力聚焦在折线统计图的点和线上，通过自主探究、有序交流，让学生可以借助折线统计图的点看出数量，理解线能帮助看出数量的增减变化与整体变化趋势，从而进行预测判断。统计图的比较与选择，让学生感受到不同的统计图有不同的优势，进一步体会折线统计图的特点，增强学生的数据分析能力和统计观念。

每一次教学研讨，我们都把教学理念内化为自己的行动，落实在具体课堂中。现在回过头去看，虽然有些设计环节有些粗劣，有些设计有待商榷，但这些都真实记录了我们在教学理解上的一点点改变、一步步成长。在这两年的教学实践中，我感觉自己融入了数学教学研究，思维的大门也向我渐渐打开。我渴望研究、渴望探索、渴望发现、渴望静静地观察与反思自己的教学。

这一切都归功于我们的核心领军人物——陈雯导师。我看到了她对数学教学的热爱，看到了她的责任感和使命感，看到了她正在创造自己幸福的数学人生。是她孜孜不倦地指导年轻教师上课、写作，才为我们提供了种种展示平台和评奖机会。从迈上三尺讲台，到省教坛新秀，再到现在主持一方学校工作，陈老师热爱自己的工作，在工作中注入了思想和理念，主张“数学味”的课堂，时时告诫我们应该对数学学科的内涵进行系统思考，进行“智慧加工”，使之逐渐弥漫出“数学”的芳香，润泽学生的数学素养。在课堂教学中应注重数学知识的揭示，不仅教给学生数学知识，而且能揭示知识的发生过程，揭示解题方法和规律的抽象概括过程，让学生深入地领悟数学的内涵。她怀揣着对教学的执着追求，谱写着自己幸福的数学人生。我庆幸自己能成为“一科数”陈雯名师工作室中的一员，承蒙导师的指点，倍感无比荣耀。

西塞罗说：“活着就意味着思考。”岁月的长河，如流沙般过往。穿越在时空隧道，品阅那一节节“好课”，浸润在这些生动、鲜活的课堂里，触发记忆与思考。我们精神而健康地“活着”，我们自由而有思想地“活着”，我们播种梦想，辛勤耕耘，收获自信与成长。我坚信，在陈雯导师榜样作用的引领下，我们定能书写属于自己的数学人生。

执笔：温州市瓦市小学　金敏洁

幸福的孩子王

步入教育行业已经有5个年头,我发现自己更喜欢教师这个职业了,因为教师这个职业带给我无穷的感动和幸福,更让我有一种坚定的拼搏向上的信念。说“更”喜欢,是因为我早在学生时代就憧憬成为一名老师,因为我喜欢孩子,也喜欢数学,我的梦想是让孩子喜欢上数学。当我真的成为一名教师的时候,我十分珍惜这样的机会,感受着为人师的幸福。

一、我幸福,因为我身在一个团队

初为人师,在教学经验方面有许多的不足,我很荣幸地加入了“一科数”陈雯名师工作室,有了名师的指点,我的课堂掌控能力和教学水平有了很大的提高。工作室成员之间的磨课和评课让我受益匪浅,我自己也是一有时间就去观摩其他老师的课,从他们的课中吸取经验,不断提高自己的专业水平。

二、我幸福,因为我是孩子王

每天和孩子在一起,感受孩子的纯真与快乐,我感觉很幸福。能够让孩子享受数学的乐趣,我更幸福。在日常生活中,我是这样做的:

1.和孩子沟通,发现孩子的闪光点

林华民老师说过,教师走进教室要带着三件宝贝——爱心、激情与微笑。早晨,我早早地来到学校,第一件事情就是到班级看看学生,看到孩子纯真的脸,我感觉心情就变得很好,陆陆续续来上学的孩子会礼貌地向我问好,我也说“你好”“你早”。根据每个孩子不同的特点我会进行不一样的夸奖,比如:你今天穿得真漂亮,你今天真有精神,你真可爱。孩子们听了往往会很开心,就会和我聊聊昨天在家里发生的有趣的事情。我很喜欢和孩子们聊天,因为在聊天中可以发现孩子不同的特点。林华民老师说过,好的老师不是成长在办公室,而是成长在教室,说的就是要老师融入学生,多与学生交流。而在与孩子的交流当中我会发现孩子很多的闪光点。比如,有的孩子在家会帮助妈妈做家务,有的孩子多才多艺,等等。了解孩子生活方面的一些信息,有利于教师在学习上因势利导。每次下课时间一到,我就马上下课,因为我实在是不忍心剥夺孩子珍贵的课间十分钟。课间,我也喜欢站在教室的走廊里,跟孩子们一起感受欢乐。孩子鞋带松了,我就帮孩子们系好。孩子出现小矛盾了,帮助孩子们解决,教育孩子要学会宽容。渐渐地,经常有孩子对我说:“周老师,我真喜欢你,因为你很温柔,对我们很好!”

2.培养孩子的习惯

数学课上,我以培养孩子学习兴趣为重中之重,尽量让每个孩子都有在课堂发言的机会。教育孩子在别人发言的时候,要学会倾听,认真倾听别人发言和发言的孩子同样是最棒的,都值得表扬。我鼓励孩子对数学问题表达自己的看法,及时表扬能提出问题的孩子。在学校的一次优质课评比公开课上,学生们对于不懂的问题也举手发问,这让我很欣慰,听课的老师也对此极为赞赏。正如《新课程下我们怎么当老师》说的,要“三分课堂”,一节课教师持续授课的时间不超过10分钟,一节课留给学生合作学习、质疑释疑、个性教学、师生情感交流的时间不少于10分钟,一堂课当堂练习的时间不少于10分钟。我一堂课中必定留出10－15分钟时间给学生做练习,当堂的数学内容当堂落实,不留书面家庭作业。练习中做错题目的学生,我一对一找来订正。他们虽然还只是一年级,就已经养成有错就订正的好习惯了。

3.公平地对待每一个孩子

经常可以听到这样的话:老师都喜欢乖的孩子,而数学老师都只喜欢聪明的孩子。的确,聪明的孩子可以让我们少花一些心思,省力很多,但是我们不能就此忽略成绩暂时不好的孩子,我不喜欢叫他们差生,一年级的孩子只是起点不同而已,不能一开始就给孩子背上“差生”的包袱。我所教的一个孩子,适应能力不是特别强,刚开学的两周一到上课就哭,喜欢站起来走来走去,为此班主任老师让他坐在最后一排。有一天数学课,我发现他竟然能乖乖地坐在位置上不来回走了,我在全班面前表扬了他:“看×同学上课坐得多么端正啊。”又过了一段时间,我发现他能拿出数学书听课了,我更加开心了,一有问题就请他回答,刚开始的时候他总是站起来很害羞地摇头,不愿意回答。我就鼓励他慢慢来,你能行的,有一天我发现他竟然能举手发言了,我当时是相当激动的,大大地表扬了他。渐渐地他能和其他孩子一样按时交课堂练习了，考试成绩也越来越好。孩子真的只是起点不同，所以作为老师，千万不要带着世俗的眼光把孩子分类，更不要放过任何一个可以表扬孩子的机会，孩子最需要的是鼓励和欣赏。

4.乐于和家长沟通

课外我经常和家长沟通孩子的学习情况，不是为了告状，而是为了更好地了解孩子的学习情况。同时也是为了和家长说明我的教学思路，能让家长配合好我的工作。学期初的家长会上，我就和家长说这学期要学习认识钟表，这不是光靠几节课就能让孩子掌握的，家长先在日常生活中给孩子灌输时间的概念，孩子有了经验基础，学起认识钟表来就比较轻松。

三、我幸福，所以我要更努力

我要更加努力地学习，不断提高自己的业务水平，积极阅读教育方面的书，多向前辈们学习，给孩子带来最有意思的数学课。幸福不是结果，而是我们回望成功之路时，那每一个细小、平凡、普通的细节，每个细节都是一朵让人心醉的幸福之花。成为一个幸福的人，需要做好属于你的每一件细小的事、认真备好每一节课、激情满怀地上好每一节课、循循善诱地讲懂每一道题、精心细致地批改好每一次作业、全面客观地分析每一张试卷、安抚每一颗伤感的心。

执笔：温州市鞋都一小　周宓

新课程背景下如何缩小学生学习差距

静静的夜早早地来临了，坐在书桌前，泡上一杯绿茶，沁人心脾的淡淡清香，缕缕飘出。来浙教院培训几天了，每天都充满了惊喜和收获。这次培训不同于以往的任何一次培训，采用了德国式的培训。专家、教授、特级教师各式的讲座让我们从全新的视角了解到当今教育教学中最前沿的理论和研究，也使我今后的数学教学和科研受到了方法或方向上的指导，思想受到了震荡和冲击；各式各样展示自我、团结协作的小组游戏和活动，使我更加放开自己，展示自己，锻炼了沟通能力，找到差距，吸收了精华。

浙江小数界，特级教师朱乐平应该无人不晓。他曾经当过教师、校长、教研室主任、教育局局长。2004年他主动辞去行政职务，潜心于他自己喜欢的数学教学研究和教师培训工作。一直以来，我十分钦佩他对数学教学的热爱和痴迷，佩服他对荣誉、地位的淡薄，钦佩他的建树和个人独到的思想。每次见到他总是匆匆地，远远地，但每次总会引起心灵的荡涤，这次也不例外。不同的是这次能有机会和他进行交互式沟通，我思绪飞奔，茅塞顿开。

接触新课程以来，我一直能感受到使用新教材的优势，但也有困惑。的确，新教材的使用，课堂是开放了，方法是多样了，作为一线教师感受最多的还是学生分化更大了，或者说学生提前分化了。作为骨干教师，一直行走在数学教育教学的前线，自觉教学效果还算不错，教育理念还算先进，课堂教学还算投入，可还是无可奈何地看到我的学生一天天拉开了距离，尖子生学习游刃有余，摘到了果子。可学困生呢？每天看到他们那么辛苦、那么无奈，作为他们的老师，我着急、困惑、难过。为此，我不时查看教育资料，不停地寻找方法，改善自己，试图拉他们一把，希望尽我之力帮帮他们，可结果仍不尽如人意。身边的教育同伴也是这样，最终我们把一切原因归结于当今的教材，可能是新教材的编排造成了这一现象。

面对我们的质疑，朱乐平老师从不同的角度分析了这一现象。他指出出现任何不良教育现象，首先要学会考虑本身的原因。这一现象，我们可以换一种角度去思考，那就是现在的数学课堂提倡开放，放手让学生去做，去想，与原来相比在度上就有了很多的增加。原来的课堂，教师课堂语言指向性非常明确，答案唯一；而现在课堂中师生一问一答明显减少，教师提问相对开放，机械训练明显减少。比如7＋6的教学重点，实施新课程之前是让孩子掌握“看大数，拆小数，凑成十，再相加”的计算方法即可，只要反复训练，一年级80％的孩子都可以学会。在这段时间里优生、暂困生几乎是同步的。实施新课程之后，教师大多是让孩子独立思考，方法多样。这样，通过交流，优生的方法更多了，差生还是什么也没掌握。经过这一过程，学生之间的差距一定是拉大了，原因就在于此。

袅袅茶香升起，又在空中飘散。茶香中我在思索：有什么办法能拉近学生之间的学习距离呢？我想，教师在课堂交流中一定要注意偏向中下学生。我们要耐心、公正地给每一个学生证明自身价值的机会，对那些被冷落的学困生，更应精心地呵护他们敏感的心灵，帮助他们寻找解决问题的最佳途径，从最细微处做到关注、尊重他们，在方法多样化的前提下强调优化，教给中下学生一般的方法。特别是每节课的后半段，更要加大对中下学生的关注，新授课尽量少出综合题型的练习，练习一定要从最基础的开始，然后逐步提升。在我们这样的班级授课制下，尖子生在课堂上只能做出一些牺牲，这是一种无奈。课堂之外，对于尖子生，我们可以组织学校内部的数学竞赛，鼓励尖子生更“尖”。

夜很深了，杯中的轻烟早已散去，丝丝新绿沉落杯底。它们也在夜的静谧中入梦了吧！我也该去睡了。一次培训，就似一场洗礼，让我们改善过往的诸多陋习，站在巨人的肩膀上，搜罗专家的视野，汲取名家的经典，从而重视肩上的担子，踩实脚下的印子，一直向前。

执笔：温州市马鞍池小学　陈雯

第四篇　课堂轻舞——教学设计篇

翩然，甩开轻盈的舞步，犹如轻盈的精灵点缀于星星点点的花蕊间。时而激昂，时而轻柔，时而流畅，时而辗转。

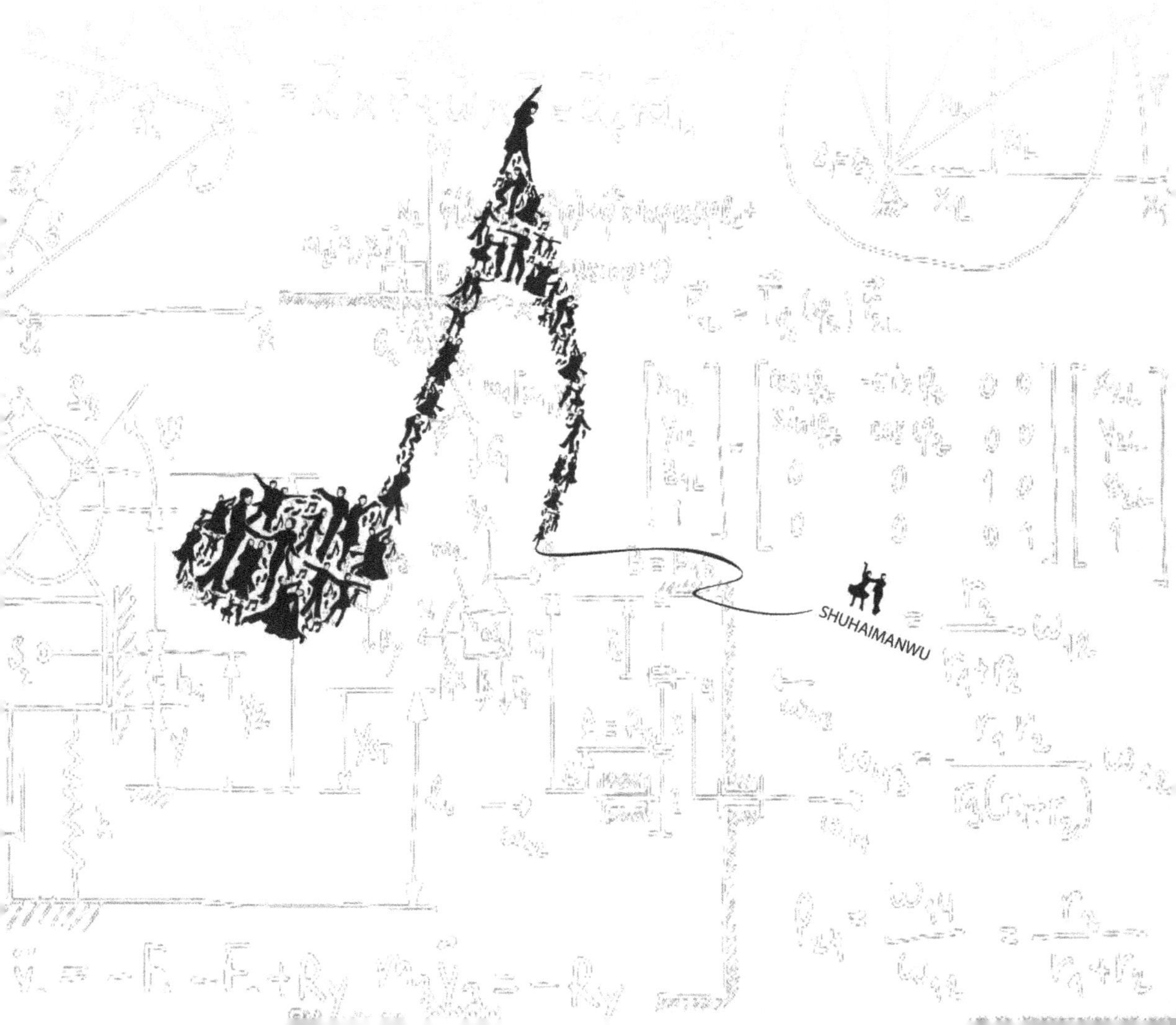

在实践操作中建构数学探究

——“三角形边的关系”教学设计

【教学内容】 人教版《数学》四年级下册第82页的教学内容。

【教学目标】

1.通过摆一摆、量一量、算一算等实验活动，探索并发现三角形任意两边的和大于第三边。

2.使学生经历实验过程：猜测—实验—验证—应用，感受数学思想在生活、学习中的应用，并在实验过程中培养学生自主探索、合作交流的能力。

3.通过学生动手操作，想象猜测，进一步发展空间观念，提高观察能力和动手操作的能力。

【教学过程】

一、揭题引入

师：同学们，这节课我们要来研究三角形三边的关系。（板书课题）

师：我们已经认识了三角形，如果用小棒代替三角形的边，来围一个三角形，你认为需要几根？为什么？

二、探究发现

1.第一次猜想。

师：围一个三角形，需要三根小棒，任意给你三根小棒就一定能围成三角形吗？

2.操作验证。

师：到底可不可以？下面我们就来做做实验。每个小组都有一个材料袋，请利用材料袋里的小棒来围三角形。我们来默读实验建议，你看懂了没有？

（1）任取三根小棒围一围，能否围成三角形？

（2）由一位同学负责在实验表格上记录每次选择的三根小棒的长度，并填写实验的结果。

（3）小组讨论思考：任意的三根小棒是否一定能围成三角形？

(提供给每小组的小棒长度分别有:2 厘米、3 厘米、4 厘米、5 厘米、6 厘米、7 厘米、8 厘米、10 厘米、12 厘米)

师:任取是什么意思?(师生答完开始学生实验操作)

师:用三根小棒能围成一个三角形吗?说说你选择了哪三根小棒?

师:有不能围成三角形的吗?谁来说一说。

3.第二次猜想。

师:同样用三根小棒,为什么有的能围成三角形,有的却不可以呢?

观察这些数据,先静静思考,然后把你的发现先在小组里说一说,再请你跟大家说一说吧!

4.课件验证。

师:是否真的像你们说的那样?让我们来看一看。(课件出示两根小棒长度之和等于第三根小棒的长度)比较红色、蓝色与黑色小棒的长度,你发现什么?

师:猜猜这样的三根小棒能围成三角形吗?(学生观看课件,了解结果)

师:当两根小棒长度之和等于第三根小棒的长度时,为什么不能围成三角形?

师:你能想出什么好办法使这三根小棒可以围成一个三角形吗?

(根据学生想法,教师一一展示课件)

师:现在谁来说说,怎样的三根小棒能围成三角形?有没有补充的?(师板书生说的各种结论)你们认为哪种结论比较好?

师:看看书上是怎么说的?和黑板上的结论比较,哪里不同?哪个结论更好?

5.数据验证。

师:那么只要是三角形,它的三边之间就有这样的关系吗?还是看看黑板上各组实验数据记录,口算一下,是否符合这个结论呢?(师注意引导学生两两相加,突出“任意”)

师:课前我们都画好了各种三角形。现在让我们来量一量这些三角形每边长度,记录下来,算一算,再来检验我们的发现。

(学生通过测量、计算,纷纷汇报计算结果)

师:同学们通过实验证明了每个三角形三边之间的关系,就是……(根据学生说的补充板书)

三、生活应用

1. 下面的各组小棒或线段能否围成一个三角形？能围成的画“√”。(单位：厘米)

(1)
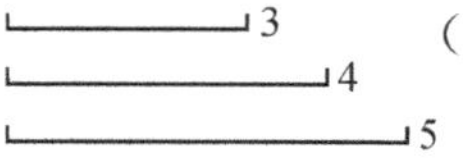

(　　)

(2)

(　　)

(3)三条线段分别是：2 厘米、6 厘米、2 厘米(　　)

(4)三条线段分别是：3 厘米、4 厘米、7 厘米(　　)

A. 师：(4)为什么不能围成三角形？你能改变其中一条线段的长度，使他们能够围成一个三角形吗？

B. 师：如果 3 厘米、4 厘米不变，把 7 厘米怎样改改就可以围成一个三角形了？最长可以取多少厘米？(要求取整厘米数)最短呢？

2.
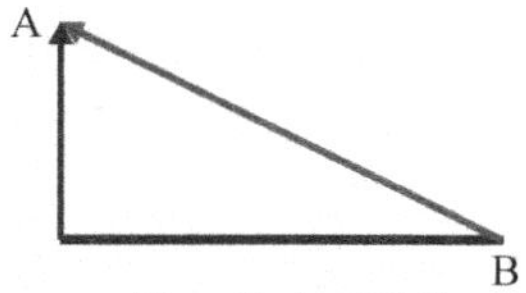

图1　先出示课件

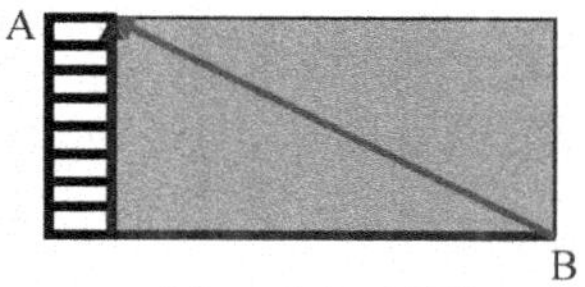

图2　后出示课件

(1)从 A 点到 B 点，你会选择蓝色和红色哪条路线？为什么？(图 1)

(2)如果是在这样的马路上，你又会选择怎样的路线呢？为什么？(图 2)

3. 姚明身高 2.26 米，腿长大约是 1.2 米。有人说“姚明一步能跨 2.5 米，”你相信吗？试着用数学的眼光来解释一下。

四、总结延伸

师：这节课学习什么？你有什么收获？

师：三角形的三边之间还有其他关系吗？课后同学们可以再去玩一玩，继续研究研究，发现更多的秘密！

【教后反思】

和浙教版老教材对比，“三角形边的关系”是人教版教材新增加的内容，安排在第二学段。这一内容的学习，是在学生已经建立对三角形直观认识的基础上，揭示它三边之间的关系特征，丰富学生对三角形的认识和理解。根据这一教学内容在教材中所处的地位与作用以及学生的实际，本节课教学中，我主要采用了探究式的教学方法，力求解决以下几点：

1.活动参与，自主构建。

调动学生学习兴趣的一种方式就是激发学生思维的矛盾冲突，引发他们自主探究建构的欲望。上课伊始，“围一个三角形，需要三根小棒，任意给你三根小棒就一定能围成三角形吗?”这个问题的提出，使学生产生思维冲突，激起他们的问题意识，在思维矛盾中，引导他们大胆猜想，激发其探究意识。

数学猜想是要通过数学实验，发现规律，才能得出结论的。在本课教学时我花了大量的时间组织学生小组合作进行实验与验证，分别提问：任意的三根小棒是否一定能围成三角形？怎样的三根小棒能围成三角形？只要是三角形，它的三边之间是否就有这样的关系？这几个探究过程，试图给学生提供一个学习坡度和探究空间，让他们自己来思考、探索解决问题的方法，然后通过亲自操作与实践去发现、经历和体会。

整节课中学生的情感体验是跌宕起伏的。先是对围搭三角形出现不成功感到困惑；随着讨论、猜测、操作验证，感悟三角形三边之间的关系；随着不断发现，最终完善了结论。学生在冲突中反思，在反思中完善，有顿悟的欣喜，有困惑的焦虑，有尝试失败后的痛苦，也有成功的喜悦，这种一波三折的情感体验正是我们所需要的，学生也正是在这一过程中锻炼了克服困难的意志，体验到了成功的快乐。

2.搭“脚手架”，解决难点。

“怎样的三根小棒能围成一个三角形?”是学生实验探究的一个难点。根据前几次试教时的情况，学生总习惯去比较三边之间的长短，得出“只要三条边长度相差不大、比较接近就可以围成一个三角形”的结论，很难联想到两边之和与第三边的关系。如何降低学习的难度？在这里我适时搭建“脚手架”，给学生有效帮助——课件演示“两根小棒的长度和等于第三根小棒的长度”这样的三根小棒围搭三角形的动态过程，让每位学生亲眼看到。因为我认为这恰是能否围成一个三角形的临界三边长度关系。随后“为什么不能围成三角形?”“你有什么好办法使这三色小棒可以围成一个三角形?”两个有坡度的问题让学生思考、讨论、解决。当课堂中听到学生口中说出了“擦肩而过”，看到学生想出了多种方法使三色小棒可以围成一个三角形时，我知道，解决难点的“脚手架”搭建成功了。

3.联系生活，应用数学。

《数学课程标准》指出："学生只有将数学与生活联系起来，才能够切实体会到数学的应用价值，学习数学的积极性才能够真正被激发。"因此，我有意识地引导学生从数学的角度，应用三角形三边关系去解决生活中的实际问题。比如"用数学知识解释行人不走斑马线横穿马路现象。""用数学的眼光来解释姚明一步能否跨300厘米。"孩子们在数学的课堂里解决了身边的生活问题，这会使他们都深深感受到数学可以美丽人生，数学可以智慧人生。

执笔：温州市马鞍池小学　陈雯

学生都会"算"了，我们该教什么？

——"两位数加两位数笔算进位加法"教学设计

【教学内容】

人教版《数学》二年级上册第 14 页例 3"两位数加两位数笔算进位加法"。

【教学目标】

1.在摆小棒的动手操作中感受"满十进一"，在位值图的观察中加深对"满十进一"的理解。

2.在理解"满十进一"的基础上正确地列竖式计算。

3.在比较中感受笔算先算个位再算十位的合理性。

4.体验数学的严谨性。

【教学过程】

一、课前引入

孩子们带着什么知识来？又带着什么知识离开呢？

在教学两位数加两位数的笔算进位加法时，当孩子们大声呼叫着"15＋27＝42""老师，我爸爸妈妈很早就教我列竖式计算了"的今天，学生真的都会"算"了吗？学生为我们提供了怎样的课堂教学的"现实起点"？又提供了怎么样的"可能起点"？为此在课前，我设计了 2 道简易的前测题。

1.用小棒图画出计算过程。

我们以前学习加减计算时常用摆小棒来表示思考的过程.

25+2=□

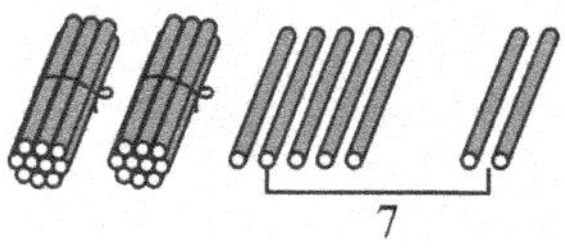

你能用摆小棒的方法计算 15＋27 的过程吗？（请画出草图）

2. 列竖式计算。

15＋27＝

15＋27 笔算情况分析表

调查人数(人)	不会笔算	计算正确(30)			会画图表达算理(20)		
44	10	过程正确	过程涂改	不确定	清晰画出满十进一	含糊不清	不会画
		10	16	10	2	10	7
百分比	23%	23%	36%	23%	4.5%	23%	16%

分析发现：全班 44 人，有 30 人能用竖式计算出结果。教学中学生有无进步或发展是教学有没有效益的唯一指标。大部分学生都会算了，我们是否不用教了呢？从表中不难看出。有 20 个孩子能画出小棒图表示 15＋27，2 个孩子能画出“满十进一”的过程。只有 2 个孩子既能画出“满十进一”又能正确列竖式计算。而 30 个会列竖式计算的孩子，又有一半以上是先算十位，再算个位。可见“孩子们会笔算进位加法”这种观点是错误的，或许孩子看到过、听到过笔算的顺序，但是完全没有理解，没有内化，只是照葫芦画瓢。经前测分析，孩子在本课学习时最大的困难是对“满十进一”的理解，缺乏数位顺序计算的合理性。课堂教学中就应该突出这一重点，并以其为中心拓展、发散，使学生形成并完善以主要知识为联结点的认知结构。

二、关键问题

1. 如何实现对“满十进一”的理解。

解决策略 1：摆小棒呈现 5＋7＝12 时，有什么办法让小伙伴一眼看出你摆了几根小棒？通过将十根小棒扎成一捆，就自然而然地诞生“满十”。这一捆应该放到哪里呢？水到渠成地解决了“进一”的问题。再通过设问：这一小捆哪里来的？解决了“满十进一”的问题。

解决策略 2：设计五个层次的活动，调动所有感官让“满十进一”的过程吸收、内化。(1)动手摆；(2)动嘴说；(3)仔细听：位值板上摆圆片过程；(4)动笔列；(5)静静回忆摆小棒、摆圆片的过程。相信通过这 5 个层次多感官活动，学生能深刻理解“满十进一”。

2. 如何体验先算个位再算十位的合理性。

解决策略：出示前测中学生先算十位再算个位的错例，让学生猜测为什么该生在十位进行涂改？让学生感受做进位加法时，若先算十位，再算个位，对于“进一”的计算会非常麻烦，进而认识到先算个位，再算十位的合理性。

三、学习活动

活动设计：估——明——列——辩，四部曲。

学习活动一：估——50 元够买哪两样物品？

<table>
<tr><th>活动设计</th><th>学生活动展示</th><th>活动反馈</th></tr>
<tr>
<td>(设疑)
50 元够买哪两样物品？
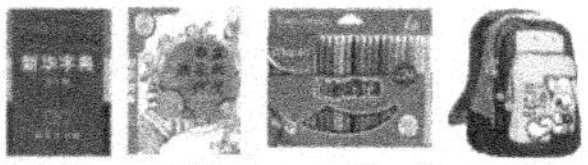
15元 26元 27元 47元
为什么不选书包和其他物品？</td>
<td>50 元购买哪两样物品？
<table>
<tr><td></td><td>
15元</td><td>
26元</td><td>
27元</td><td>
47元</td></tr>
<tr><td>方法 1：</td><td></td><td></td><td></td><td></td></tr>
<tr><td>方法 2：</td><td></td><td></td><td></td><td></td></tr>
<tr><td>方法 3：</td><td></td><td></td><td></td><td></td></tr>
<tr><td>方法 4：</td><td></td><td></td><td></td><td></td></tr>
</table>
学生独立尝试完成表格
活动预设
生 1：选新华字典和蜡笔　算式：15+27
生 2：选新华字典和绘本　算式：15+26</td>
<td>学生交流中发现书包 47 元离 50 元只差 3 元，上面的东西都比 3 元要多。所以一定不能和书包组合。
(估算的价值很好地得到体现。)</td>
</tr>
</table>

活动评价：通过创建符合学生认知的现实情境，增强学习的现实意义。并在选择中渗透估算的方法和必要性，培养学生的数感。

学习活动二：明——操作内化，满十进一

活动设计	学生活动展示	活动反馈
环节一：动手摆 15＋26 等于多少呢？31 还是 41 呢？那同学们你能边摆小棒，边把自己的算法说给同桌听吗？ 小组合作： 1.摆一摆：用小棒先摆出 15 根，再摆出 26 根。 2.想一想：先算什么，再算什么？ 3.说一说：你有什么好办法能让小伙伴们，一眼看出你们摆了几根小棒吗？	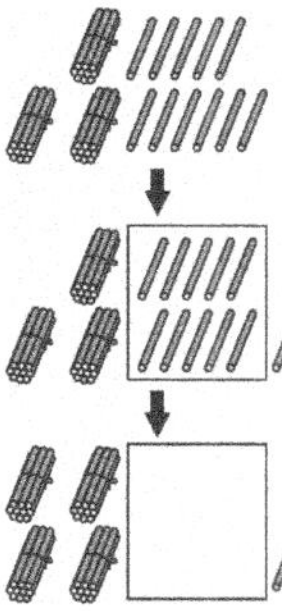	在摆小棒的过程中，全班 22 组，只有 5 组能够独立完成满十进一，其次有 6 组在老师的参与合作下也能完成，但是仍然有 11 组无法呈现过程，孩子们只能摆出 5＋6＝11，11＋20＝31。
环节二：动嘴说 指着板演，这一捆新的小棒哪里来的？（连续提问）	生 1：是 5＋6＝11。为了容易看清，把那 10 根扎成一捆。 生 2：5＋6 里面的 5＋5＝10 把这 10 根扎一捆了。 生 3：5＋6＝11 产生了一个新的十。	结合学生板书再次展示 5＋6＝11 满十进一的过程。
环节三：竖耳听 瞧！数学小博士也来了，他也带来了一种用摆小圆片的方法计算 15＋26 的方法 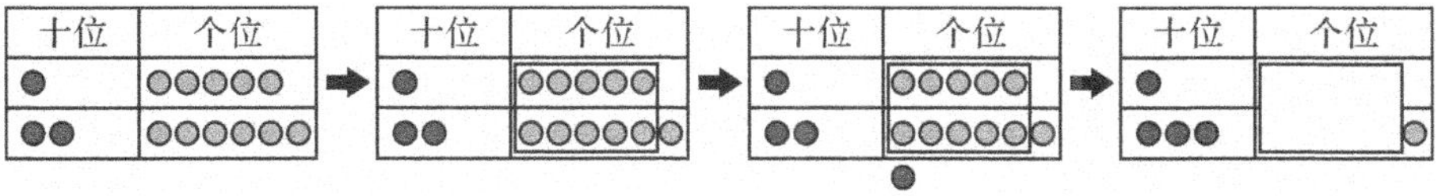 介绍数值板：小博士介绍，强化个位满十，向十位进一。		
环节四：动笔算 你现在能列竖式计算 15＋26 吗？ 他们是怎么算的呢？ 这 1 哪里来的？ 师：示范板书 结合学生回答，再次对比小棒图，强化对满十进一的理解。	生板演：列竖式计算： $\begin{array}{r} 1\ 5 \\ +\ 2_{1}6 \\ \hline 4\ 1 \end{array}$ 生：5＋6＝11，10 根扎成 1 捆。	数形结合在这里被放大，对照图与算式，规范书写过程，相信，至此学生已经能很好理解满十进一的过程，体会用满十进一的方法列竖式计算的简洁性。
环节五：静回忆 静静地回忆：刚才在计算 15＋26 的时候，我们是如何摆小棒、摆圆片的？出现了什么新的情况？	全体闭眼，静静地回忆，脑海中出现摆小棒的画面。	课堂一片寂静，动静结合，在节点处停顿，让知识内化。

活动二评价：这里设计五个层次的活动：1. 动手摆；2. 动嘴说；3. 竖耳听；4. 动笔算；5. 静回忆。调动学生所有感官让“满十进一”的过程吸收、内化。

学习活动三：列——体验先算个位再算十位的合理性

<table>
<tr><th>活动设计</th><th>学生活动展示</th><th>活动反馈</th></tr>
<tr><td>环节一：看，出示前测中典型例子 $\begin{array}{r} 15 \\ +\,2_{1}7 \\ \hline \cancel{32} \\ 42 \end{array}$
看计算结果，黄河同学最后算对了没有，你有什么问题？</td><td>生 1：结果 42 是对的，为什么他上面写了 32，又把他撇掉了。
生 2：他肯定刚开始算错了呗！</td><td>出示前测的学生错例，讨论出错原因。让学生自然而然地感受数学计算中先算个位、再算十位合理性。</td></tr>
<tr><td>环节二：猜，刚开始他为什么会算错？</td><td>生 1：他刚开始忘记满十进一。
生 2：他可能先从十位算起 1＋2＝3 再算个位，发现 5＋7＝12 满十进一了，所以把 3 改成 4.</td><td>学生的猜测充分暴露了学生学习的思维，孩子们在辨析中清晰。</td></tr>
<tr><td>环节三：辩，请典型错例的主人讲述原因
课件演示：比较先算个位再算十位的计算过程，与黄河同学先算十位再算个位的过程，你觉得从哪一位算起比较好，为什么？</td><td colspan="2">生：我先从十位算起 1＋2＝3 再算个位，发现 5＋7＝12 满十进一了，所以把 3 改成 4.
生 1：先算个位再算十位好，万一个位满十进一，你又把十位已经算好，那就要涂改了。
生 2：先算个位再算十位好，万一个位满十进一，先算十位的容易把进 1 给忘掉。</td></tr>
<tr><td colspan="3">$\begin{array}{r} 15 \\ +\,2_{1}7 \\ \hline \cancel{32} \\ 42 \end{array}$ 再算十位 $\begin{array}{r} 1\boxed{5} \\ +\,2_{1}\boxed{7} \\ \hline 42 \end{array}$ 先算个位</td></tr>
<tr><td colspan="3">环节四：拓，深化认识
出示前测中的典型错例
$\begin{array}{r} 15 \\ +\;\;27 \\ \hline 32 \end{array}$ $\begin{array}{r} 15 \\ +\,27 \\ \hline 32 \end{array}$ $\begin{array}{r} 15 \\ +\,27_{1} \\ \hline 32 \end{array}$</td></tr>
<tr><td>仔细分析，他们错的原因相同吗？
请前测中做错的学生自己分析，错哪里，怎么改。</td><td colspan="2">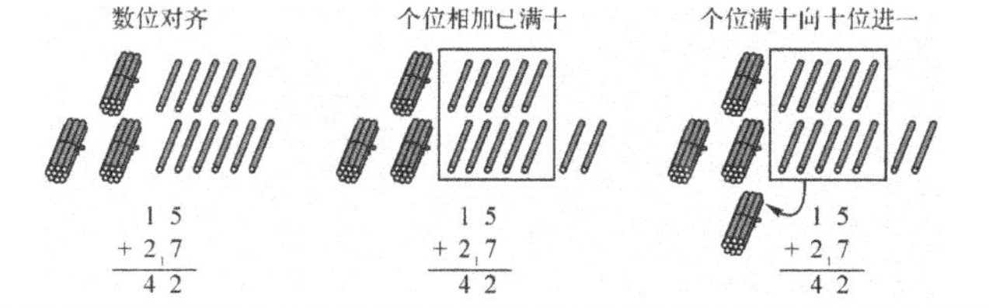
</td></tr>
</table>

活动三评价：在前测中发现全班 44 人中有 30 人能列竖式计算 15＋27＝42，但是从学生的涂改情况来看，30 人中至少有 15 人以上先算十位再算个位，究其原因：1. 学生受口算方法的影响 10＋20＝30，30＋12＝42；2. 受不进位加法竖式中，先算十位再算个位，和先算个位再算十位没有区别的影响。由此在学生明白满十进一后，让学生体会先算个位再算十位的优越性，显得格外必要。而这一环节，本人巧妙利用了学生前测的素材，在真实、亲切的环境中去猜测、辨析、感受先算十位再算个位的合理性，有种水到渠成的自然和流畅。

学习活动四：辩——进位与不进位区别

活动设计	学生活动展示	活动反馈
变式练习：17＋25 个位变成几？十位改成几就不进位了呢？ （小组合作） 1 ? + 2 ? 3 2	将 17 改成 11，25 改成 21，11＋21＝32　就不进位了。	以小组为单位，群策群力，尽可能做到方法穷尽。在交流中感受思维碰撞。
17 个位怎么改？25 的个位怎么改，还能进位呢？（小组交流，汇报答案） 1 ? + 2_1? 4 2	小组汇报： 16＋26＝42 15＋27＝42 14＋28＝42 19＋23＝42	
比较：进位与不进位区别。	 不进位 1 1 + 2 1 3 2 进位 1 5 ／ + $2_1$7 ／ 4 2 1 3 ／ + $2_1$9 ／ 4 2 1 4 ／ + $2_1$8 ／ 4 2 1 6 ／ + $2_1$6 ／ 4 2	

活动四评价：在课尾设计了这样一道思考题，展现进位与不进位的练习与区别，孩子在拓展中深层次地感受“同”与“异”，落实这节课的重点：满十进一。

【教后反思】

这节课我们通过“摆——列——找”学习了两位数加两位数的笔算方法。你有什么收获？

作业设计：（三选二完成）	设计意图
1.上下两行共有几根小棒？（圈一圈，让小伙伴看得更明白） 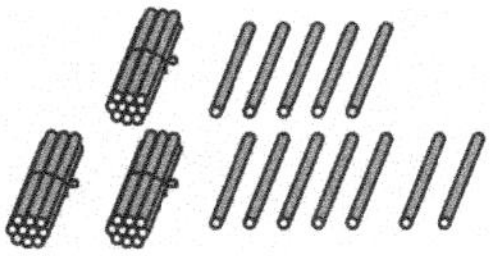 列式：________	通过动笔圈的过程再次强化满十进一的过程。 动笔列式强化书写格式。
2.在正确的竖式下打“√”，错误的打“×”，并在旁边订正。 $\begin{array}{r} 72 \\ +19 \\ \hline 81 \end{array}$　　　$\begin{array}{r} 72 \\ +1 \\ \hline 82 \end{array}$	通过纠错，激发学生学习主动性。促使学生以此为鉴，督促自己规范书写。
3.从 2、4、6、7、9 这 5 个数中挑选 4 个数字，组成两位数加两位数的进位加法。看谁写得多，算得对。 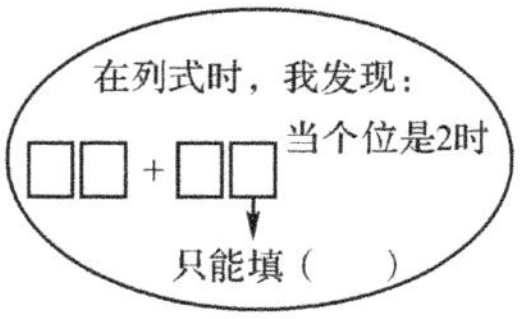 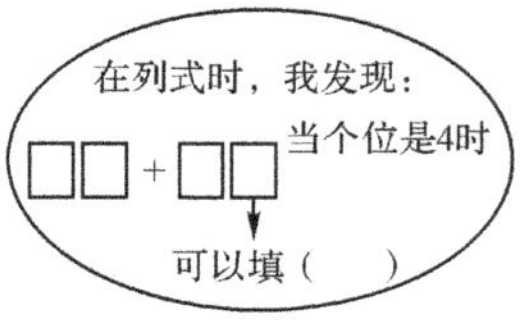 	这一题的设计进一步拔高，发展思维探寻进位的本质。

执笔：温州市瓯市小学　黄玮慧

"百分数的意义和写法"教学设计

【教学内容】

人教版《数学》六年级上册"百分数的意义和写法"。

【教学目标】

1.通过学习，让学生理解百分数的意义，能正确地读写百分数，运用百分数解决简单的实际问题。

2.通过观察思考、比较分析、综合概括、组织学生探索，让学生主动参与、学会讨论交流、与人合作。

【教学过程】

一、创境导入

出示图片(科比、姚明)

师：科比、姚明谁投篮的命中率最高？(猜测)

(一)比一比，谁投的命中率最高？

选手	投中次数
科比	19
姚明	15
陈老师	50

师：只有一个量还不能知道谁的命中率高？还要知道什么？(再出示)

选手	投中次数	总投篮个数
科比	19	25
姚明	15	20
陈老师	30	50

师：现在你觉得谁的命中率高？把你的想法用算式形式写在练习纸上。(生自

行解答)

(二)方法交流

你更欣赏哪个方法？为什么？

①19∶25＝0.76　　15∶20＝0.75　　30∶50＝0.6

②$19\div25=\frac{19}{25}=\frac{76}{100}$

$15\div20=\frac{15}{20}=\frac{75}{100}$

$30\div50=\frac{30}{50}=\frac{60}{100}$

③25－19＝6　　20－15＝5　　50－30＝20

师:第3种方法,姚明的命中率最高。同意这一理由的请举手,你觉得是这样吗？如果总投篮个数1个,可他没有投进,他的命中率就最高吗？

师:哪种方法更合理？

师:你知道这些分数还能怎样表示？

师:分母是100的分数我们就可以把它写成百分数,百分数通常不写成分数形式,在原来分子的后面加上百分号就可以了。

注意:写百分号时,两个圆圈要写得小一些,以免和数字混淆。百分数的读法与分数的读法相同,先读分母,后读分子。

师:百分数有什么好处？

师小结:百分数的分母是固定不变的,它便于统计比较。

(二)百分数的意义

1.出示表格。

选手	投中次数	总投篮次数	投中次数是总投篮次数的几分之几	投中次数是总投篮次数的百分之几
科比	19	25	$\frac{19}{25}$	76%
姚明	15	20	$\frac{15}{20}$	75%
陈老师	30	50	$\frac{30}{50}$	60%

师：$\frac{30}{50}$、$\frac{15}{20}$、$\frac{19}{25}$分别表示什么？

师：说说这三个百分数各表示什么？

2.出示信息。

信息1：第五次全国人口普查结果表明，女性人口约占48%。

信息2：某班期末考试的及格率为88%。

师：说说这两个百分数表示什么？

3.信息发布会。

(1)说一说：你收集的百分数表示什么？

(2)想一想：你能用自己的话说一说什么叫百分数吗？（四人小组交流，再全班交流）

师小结：什么叫百分数？

百分数就是表示一个数是另一数的百分之几。表示这两个数之间的关系，所以百分数也叫作百分率或百分比。百分数表示两个数之间的关系，所以百分数后面不带单位。

二、巩固练习

1.小明用$\frac{3}{10}$的钱买了$\frac{75}{100}$千克的糖果，小明吃了$\frac{60}{100}$，还剩$\frac{40}{100}$。（哪些分数能改成百分数？）

讨论比较百分数与分数的异同

师：一般的分数不仅可以表示数量，还可以表示比率，而百分数只能表示一个数是另一个数的百分之几，不能表示一个数量。

百分数与分数的联系和区别（表格）

<table>
<tr><th></th><th>联系</th><th>区别</th></tr>
<tr><td>分数</td><td rowspan="2">表示两个数量之间比的关系</td><td>有些百分数可以表示两个数之间比的关系，有些百分数表示具体数量</td></tr>
<tr><td>百分数</td><td>只表示两个数之间的倍数关系，并不表示具体的数量</td></tr>
</table>

2.下面的正方形表示“1”，将各图中阴影部分用百分数表示出来。

3.判断。

(1)最大的百分数是100%,最小的百分数是1% ( )

(2)某工厂今年产值是去年产值的108%,说明今年产值比去年多 ( )

(3)食堂每天烧煤75%吨 ( )

(4)食堂每天烧煤$\frac{3}{4}$吨 ( )

(5)分母是100的分数都是百分数 ( )

(6)甲:我们学校的女生人数占49%。乙:我们学校的女生人数占49%。这两个学校的女生人数一定相同 ( )

4.选择合适的百分数填空。

45%　　98%　8.1%　　55%　　100%

(1)这节课,同学们学得积极主动,老师希望理解百分数意义的同学占( )。

(2)据调查,我国儿童的肥胖率达( )。

(3)小明的爸爸是著名的牙科医生,经他诊治的牙病治愈率达到了( )。

(4)一本书已看了全书的( ),还剩下全书的( )。

5.在成语中找百分数。

百里挑一( )　　十拿九稳( )

一分为二( )　　百发百中( )

6.游戏。

(1)随意写出10个百分数。

(2)用百分数说一句话,让大家猜猜你完成了多少个。

三、总结评价,自我反思

1.今天这节课你有什么收获?

2.欣赏生活中的百分数。

3.小结:同学们,今天学习了百分数的意义和写法,最后老师送你们一句名人名言,与大家共勉。

(课件出示)

天才=99%的汗水+1%的灵感

【教后反思】

本次课堂教学，我遵循“教为主导，学为主体”的原则，使学生在自主探究、合作交流、比较分析、归纳概括的过程中深刻认识并理解百分数的意义。

1.设生活情境引入，让人倍感亲切。

《数学课程标准》在教学的注意问题中，明确指出，数学必须从学生熟悉的生活情景和感兴趣的事物中提供观察和操作的机会，使他们感受到数学就在身边，感受到数学的趣味和作用，从而对数学产生亲切感。因而课堂上，我设计了“谁的投篮命中率高”的问题情境，让学生在尝试运用中经历百分数产生的过程，感悟百分数的作用。

在学生已经初步构建起百分数的意义的基础上，考虑如何充实、丰富认知结构，于是让学生自己去搜集生活中的百分数的例子，去发现生活中的百分数，利用学生已有的分数知识的基础与生活中对百分数的认识，以生活化的方式呈现数学内容，使学生体验到现代生活中数学应用的意义。重视培养学生应用数学的意识和能力，体现“让生活走进数学，让数学服务人生”的教学。

2.回归本质，让数学学习富有“数学味”。

授人以鱼不如授之以渔。整堂课我始终以学生为主体，在教学百分数的意义时，我没有直接告诉学生什么是百分数，而是让学生在自主探究、合作交流、比较分析的过程中逐步感悟、形成、并归纳概括出百分数的意义，经历“具体到抽象，个别到一般”的数学思考方法；另外，在教学百分数的读写方法时，我采取了让学生自学的形式，充分发挥学生的主体性，通过自学、反馈、互评等环节，提高了学生自主学习的能力。

3.练习设计，贴近生活。

为了使学生掌握必要的知识技能，在思维上获得更为有效的发展，我创造性地设计练习，让学生在综合应用中真实展现自己对百分数的理解和应用水平。同时，由于学习材料具有开放性，我还给学生创造了自由发展的空间，例如“猜测中国体育彩票的中奖率”，在学生的阐述中，他们都能深刻地认识到百分数的分子部分有小数，而且能体会到中奖的概率相当低。

执笔：温州市黄龙一小　陈可乐

“角的初步认识” 教学设计

【教学内容】

初步认识角，知道角的各部分名称，学会画角。

【教学目标】

1. 结合生活情景及操作活动初步认识角，知道角的各部分名称，初步学会用尺画角。

2. 在操作活动中体验感知角的大小，会用多种方法比较角的大小。

3. 在活动中，让学生充分感受数学与生活的密切联系，使学生获得学习数学的信心和乐趣。

【教学过程】

一、游戏引入，揭题

1. 师：小朋友，你们看老师今天带了一个宝袋，里面装了我们已经学过的图形，请你上来摸一摸，你能从中摸出圆来吗？

2. 师：摸得对吗？看看里面还有些什么？（倒出正方形、长方形、三角形）为什么能这么准确地摸出圆？

生：因为圆的边是弯曲的，而其他的图形都有尖尖的角。

3. 揭示课题：今天我们就来认识数学中的“角”。

二、辨析，建构角

1. 教学指角的方法。

老师随意拿出一个图形（三角形），这个图形上有角吗？指一指，你指出了几个？师：还有角吗？指给同桌看。

引：生活中角真是无处不在啊！

2. 判断以下图形是不是角，说说理由。

引：这些图形也争着说自己是角家族的一员，请你判断。

下面哪些是角，哪些不是角？是的在（　　）里打√，不是的打×。

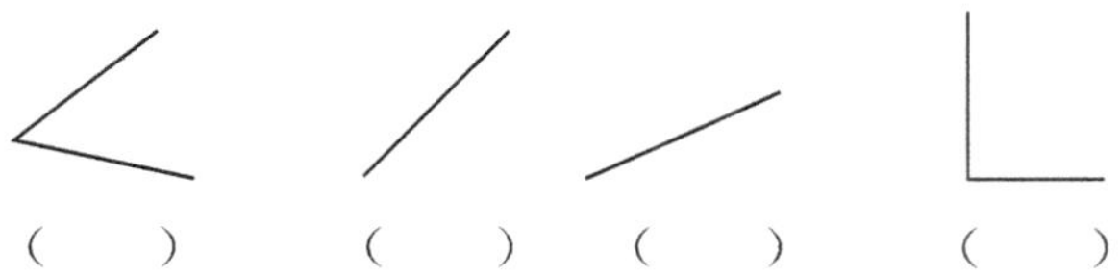

3.教学角的画法。

引:我们跟角认识这么久,现在想不想把角请到你的本子上来呢?

教师示范、讲述是怎么画的,学生画(指出各部分名称),反馈。

三、活动,深化角

(一)教学角的大小

1.(出示活动角)师:老师这里有个角,角的顶点、边在哪里?老师这个角会变魔术哦!不过要仔细观察才能发现。你发现了什么?(由大变小)

生:角变大了!

生:角的两条边分开得大了。(也就是什么变大了?)

生:角张开的口变大了。

小结:角两边张开的口变大了,我们就说角变大了。那么,反过来说,两边张开的口变小了,就说角变小了。

2.你们想试试吗?好!我们一起先来做一个角吧!做好的举手!给你10秒钟玩一玩。

3.游戏。

引:好的!我把你们刚才指的其中一个角描出来。

(学生发现,只有一个点。)

追问:我描的跟你们想的一样吗?哪里不一样?

师:哦!我看明白了,我给描下来。

——先画一条边,这样是不是角?

——再画一条边。

小结:原来角不仅有一个点,还有两条边。我们一起来指一指。

师:三角形上另外两个角怎么指,谁来指一指?

(二)教学角的特点

1.(出示例1图)师:我这里有一些物品,这些上面有角吗?在哪里?谁愿意上来指？他指的和你想的一样吗？

2.(课件演示从实物抽象出角的形状的过程)师：请你们仔细观察，想一想，这些角都有什么共同的特点呢？

3.学习：顶点、边(课件配合教学角各部分名称)。你能指出其他角的顶点和边吗？

师：角是由几个顶点和几条边组成的？角的边是怎样的呢？

4.引：我们周围有角吗？我们数学书的封面上，有没有角？在哪里？指给大家看，说说顶点、边在哪里。

A.比相同边长的角

——(同桌比)谁做的角大？

反馈：谁做的角大？你们怎么比出来的？

输了你高兴吗？(指输者)(面向全体)有没有同学也比输的，举手。如果现在再给你们一秒钟，你最想怎么做？为什么？(两边叉开大)

——(同桌比)谁做的角小？

赢的同学不动，给输的同学一次机会。我们再来比一次，比一比谁做的角小。

反馈：你为什么又不高兴了？你现在最想怎么做？(两边叉开小)

B.比不同边长的角

——看大家比得这么热闹，老师也想跟你们比一比。你们看，我这里有个巨无霸的角，谁敢跟我这个角比？为什么你做的角大？

——我现在再把角的这条边拉长，总比你们的大了吧！我两边都拉长，现在呢？那我再把角两边拉长、拉长、拉长到教室外面去呢？

师：通过刚才的比赛，你有什么发现？

小结：原来角的大小不是看边，而要看两边叉开的大小。

四、拓展

出示正方体模型：看，老师还带来了一样物品，这是什么？这上面有没有角？指一指，都以这个点为顶点，你能找到几个角呢？在哪里？

——一个顶点，连着三个面，每个面上就有一个角。一共有三个角。

五、整理，巩固角

今天学得开心吗？让我们静下心，整理一下，说说你今天有什么收获？

【教后反思】

本课是在学生已经初步认识长方形、正方形、三角形的基础上教学的。角在生活中的应用非常广泛，但是二年级的孩子对角的认识大多还停留在“尖尖的一点”这一个层面上，很难抽象出数学中角的形象。因此本节课的侧重点就放在帮助孩子建立起“角”的正确表象，初步感知角是有大小的。为此，我将整节课分为四个环节：一是通过指一指活动，让学生初步感知角的形状；二是通过找一找活动，引导学生从“生活角”中抽象出“数学角”，认识角的形状和各部分名称；三是通过开放性的操作活动，使学生在操作活动中进一步认知角的特征以及感悟角的大小和变化特点；四是寻找角在生活中的应用，巩固角的知识。在整堂课中，我创设了直观、生动且富有挑战性的数学活动，通过“操作—探究—交流”的研究方式，促进学生将丰富的感性认识上升为理性认识，把学生的思维引向深刻，发展学生的数学思考。

本节课的优点：

一、角来源于生活，成功建立角的表象

在认识角时，我借助摸角游戏导入角的知识，让学生指一指三角尺上的角，在这里学生感知到的角是生活中的角，所以在指角时指的是角的顶点处。充分利用学生认知过程中的这一知识“盲点”，通过三次指角，使学生逐步建立了正确的“角”的表象；而且这三次指角逐渐渗透了“角是从一点引发的两条射线组成的”这一知识，为学生以后学习角的有关知识做好了铺垫。然后让学生从剪刀、钟表上找一找角，给了学生一个认识抽象知识的过程，准确过渡出角的几何形象。再用一组判断题进一步巩固角的特征，这样的设计既体现了角来源于生活也充满了数学趣味。

二、动手操作，进一步巩固角的特征且初步感知角的大小

创造角的环节首先是对“角有一个顶点和两条边”的进一步巩固，而且让学生在拉动活动角的过程中初步感受了角的大小是可以变化的。但是关于角的大小和什么有关仍然是无法确定的，由此我设计了比角的环节。老师通过重叠法把两个角重叠在一起，引导学生发现角的大小和边的长短无关。这巧妙的一比，不单帮助学生感知了角的大小跟边的长短无关，还让学生学会了怎么样比较两个角的大小。随后的画角也是对知识的不断巩固——画一个和第一个角大小不一样的角。

本节课有待改进之处:在每个环节结束之后,我的小结语不多,没有起到承上启下的作用,使得环节与环节之间显得过于零碎。

执笔:温州市马鞍池小学　娄天婵

“1000以内数的认识”教学设计

【教学内容】

人教版《数学》二年级下册第七单元“万以内数的认识”。

【教学目标】

1.能正确数出1000以内的数，建立1000以内数的概念。

2.知道10个一是十，10个十是一百，10个一百是一千。

3.通过估一估，数一数，猜一猜，培养估数能力和发展数感。

4.经历猜数游戏和感受生活中的数，体会数学与生活的联系，培养学习数学的兴趣和自信心。

【教学过程】

教师准备豆子若干、10叠纸（一叠100张）、计数器、课件。

学生准备计数器。

一、认识计数单位“千”，发现相邻计数单位间的十进制关系

小朋友，今天老师带来了一个魔盒，想看看吗？

出示由1000个小方块组成的正方体：

1.估一估。

你能猜一猜这里大概有多少个小方块吗？（生猜：100、500、1000、10000）

想要知道大家猜得对不对，有什么办法呢？（数一数）

2.数一数。

你有什么好方法把这里一共有多少个方块数出来？先自己想一想，想好了之后和自己的同桌讨论一下。

（1）个别数。

谁想到好方法了？（请一个学生到前面来边说边数，其他学生认真听）

谁听懂他是怎么数的？你也来数一数吧。

还有谁也愿意来数一数？（这里可能有学生数的方法不一样，教师要给予肯

定，但若个别学生出现较麻烦的数法，比如1个1个数，2个2个数，这时，教师要引导：你认为他数的方法好吗？如果是你，你更愿意用哪种数法？）

（2）全班数。（课件演示）

我们一起来数一数吧！

一个一个数到10：

10个一是多少？（10个一是十。）

10个10个地数到100：

刚刚我们数了几个十？10个十就是多少？（10个十是一百。）

100个100个地数到1000：

刚刚我们数了几个一百？10个一百是多少？（10个一百是一千。）

今天，我们就来认识千以内的数。（揭题）

刚刚我们一起把1000个方块数出来了，那么对于数数，你有什么新的发现吗？

设计意图：本环节的设计旨在落实本节课的重点内容，即10个一百是一千和相邻两个计数单位之间的十进制关系。本环节从学生已熟知的数数方法出发，1个1个地数，10个10个地数，非常自然引出100个100个地数，从而得出10个一百是一千的结论。

二、正确数数，突破难点

1. 刚才大家数得很好，那你们能数出下面这个数吗？

课件出示(3个百，6个一组成的方块图)：

（1）你是怎么看出来这是306的呢？

（2）如果再多一个呢？（课件演示，学生一个一个地接着数）

309后面是多少？你怎么看出来是310的？谁听懂了？（课件演示）

（3）接着数呢？请一小组开火车。（一个接一个出示，直到319）

319后面是多少？你是怎么看出来是320的？（课件演示）

（4）如果再多10个呢？（课件演示，学生10个接10个地数到400）

你是怎么看出来是400的？谁听懂了？（课件演示）

再多10个是多少？谁会数？

2. 千以内的数，你们都会数吗？敢不敢接受挑战？这次我们要在计数器上边拨边数。

课件显示：

(1)从 200 起，一百一百地数到 1000。

(先让全班数，再让同桌两人边拨边数，学生上来演示，师提问 1000 是怎么拨出来的。)

(2)从 920 起，一十一十地数到 1000。

(先让自己试着数，再让同桌两人边拨边数，再请一个学生来拨，其他学生数，师追问 1000 是怎么拨出来的。)

(3)从 988 起，一个一个地数到 1000。

(先请一个学生数一数，再让同桌互相拨一拨，再上来演示，师追问 1000 是怎么拨出来的。)

设计意图：这一环节我安排了学生看着形象的方块来帮助他们进行抽象地数数，通过数形结合，学生能够较容易地进行拐弯数，从而突破本节课的难点。同时，教师的"扶"与"放"要充分结合，于是我设计了让学生脱离形象的方块，转而利用稍抽象的计数器来帮助学生数数。学生在边拨计数器边数的过程中，不仅体会了"某一位满十要向前一位进一"，更加深入地理解了相邻两个计数单位之间的十进制关系，同时还进一步地突破了本节课的难点，达到了一石二鸟的作用。

三、体验"1000"，培养数感

1. 大家数到 1000 的时候特别高兴，1000 到底有多少呢？

(1)出示 100 颗黑豆：

这些黑豆有 1000 颗吗？那你能猜一猜这里大概有多少颗黑豆吗？

老师把这 100 颗黑豆倒在这个瓶子里，你能根据这 100 颗黑豆的高度推测一下 1000 颗豆子大概到瓶子的哪里吗？用自己的手势比画一下。谁上来比画一下，你是怎么想的？(出示验证)

(2)(出示一叠纸)

你看老师这叠纸有 100 张纸，(出示 500 张的一包纸)你能根据这 100 张纸的厚度估计一下这里大概有几张纸吗？1000 张纸有多厚呢？用手势来比画一下。(出示验证)

师：同学们真棒，会用刚学的新知识"10 个一百是一千"来解决问题。现在我们再一起在这条数轴上一百一百地数到 1000 吧！

设计意图：通过两个环节的学习，学生已有些疲劳。为此，设计两个“体验1000”的活动。1.1000颗黑豆有多高。让学生根据“100颗黑豆的高度”推断出“1000颗黑豆的高度”，落实“10个一百是一千”这一知识点。2.1000张纸的厚度。与上一体验环节不同的是，我先出示100张纸的厚度和一叠纸，让学生目测这一叠纸大约有几张，紧接着比画出1000张纸的厚度，进一步培养学生的数感。

四、游戏拓展，升华数感

1.学了这么久，想不想轻松一下，做个游戏。来猜猜这台吸尘器的价格？首先提示：它的价格在400～500之间。（师课件出示一个点在数轴上）

你为什么这么猜呢？

（师提示低了、高了，生调整价格）

2.电冰箱。提示：它的价格是一个三位数，每一位上的数字都相同。

3.刚才同学们根据老师给你的几条信息，马上就找到了正确的答案。那你能不能自己在心里想一个三位数，不直接告诉别人，只给他提供信息，让他根据你的信息来猜出你这个数呢？

4.其实这些数在我们生活中无处不在，瞧！出示：（学生齐读）

（1）一列火车长度约500米，最高时速可达350公里。

（2）2014年一共有365天。

（3）某品牌电风扇的价格是239元/台。

（4）姚明的身高是229厘米。

设计意图：本环节是通过两个猜价格的游戏，在提高学生学习积极性的基础上，同时培养了学生的数感。这个“猜”并不是随意地猜，都是有根据地猜。根据教师提供的信息猜出价格，充分吸引学生注意力，提高学习兴趣。

五、小结

今天这节课我们是先学习了什么？然后呢？

（根据学生的回答，教师课件出示课堂思路图。）

设计意图：这一环节中，我安排学生先讲一讲这一节课我们是先学习了什么，再学习了什么。通过教师的循循善诱，步步引导，启发学生回忆整节课的学习流程，培养学生梳理知识、形成知识系统的能力。

【教后反思】

本节课我本着“生本”的课程理念，设计层层递进、环环相扣的教学环节，不仅有数学本身知识点的落实，同时有生活性的活动环节，使学生在获取基础知识、形成基本技能、获得基本活动经验的基础上，得到了学习兴趣和学习自信心的培养。本节课突出了教学重点，突破了教学难点，学生对知识点的掌握应是比较好的。但在教学的过程中，我也发现了原本的设计存在着一些问题，现做如下反思：

教师的“扶”与“放”应适度结合，不应过多的“扶”。《数学课程标准》指出，有效的教学活动应是学生“学”与教师“教”的统一，学生是学习的主体，教师是学习的组织者、引导者与合作者。但本节课我“扶”得太多，尤其是在第二个环节数方块的设计中。这一环节的设计，我与学生的交流活动基本是以“我出示课件上的方块，学生数”为主，从头到尾都是教师在牵着学生走的基调。其实，这样“数形结合”地数对于学生来说是比较简单的，如果一直保持这样的基调，不仅学生疲劳，教师也觉得疲劳。其实，这时候教师完全可以放开手，以各种形式来激发学生的思维碰撞，比如不出示课件上的方块，提问学生你能猜一猜接下来会是多少个方块，这样一改之前的提问基调，不仅不会让学生失去兴趣，还会激发他们热烈思考。另外，没有碰到拐弯数的时候，还可以通过开火车的方式让学生直接数下去。这样“扶”与“放”充分结合，教师何乐而不为呢?

其次，在学具的使用上还是有点欠思考。本节课我充分地想到了学生在拐弯数上的难点所在。同时，我也想到了先让学生进行较为形象的“数方块”活动，再脱离实物在计数器上数数。我将“数方块”和“数计数器”分割得过于清楚。计数器是形象的“方块”和抽象的“数”之间的过渡，但本节课我并没有体现这一点。在进行“数方块”的过程中，遇到309到310这一拐弯数时，我只是让学生在方块的基础上理解了这一拐弯数，其实这时候应该更进一步地让学生在计数器上将这一过程拨一拨，让学生把数方块和拨计数器联系在一起，充分内化“个位满十向十位进一”或“10个一是十”这一知识点。这样的做法同时也为后来学生自己拨计数器自己数打下铺垫。前面的“扶”是为了后面的“放”。教师只有在充分引导学生进行知识的探索，充分渗透这一知识点的基础上，后面的教学，才不必那么累。大胆放手让学生自己探索，学生总能给我们一些意想不到的惊喜。

最后，这一节课是一节数的认识课，与生活的联系非常紧密。我在设计的时候将“体验1000有多大”这一环节放进去，也是出于这方面的考虑。出发点虽好，但收效却不是很好。这一环节，学生非常兴奋，发出“哇”的惊叹声。后来，我就在想，这一环节除了给学生留下“哇”的惊叹之外还应在学生的脑海中留下什么。我发现自己给出的素材太少了。体验1000的活动内容应该稍为丰富一些。比如：1000个人，1000架飞机，1000根吸管等等。甚至可以让学生用“1000”来说一句话，利用大量素材让学生体验各种不同的“1000”，那么我想除了惊叹声外，一定还能在学生的脑海中留下“喔！原来都是1000，但大小可能不一样”之类的思考。那么，这时候留给他们的就不仅仅是视野上的感知了，还会有思想上的震撼。

教学之路只有“且行且反思”才能走出一条“光明大道”，这一次的教学展示给了我很多的启发，同时也让我思考了很多，教学的设计如何更多地从学生的实际出发，这是我在以后的备课教学中应该时刻反思的。

执笔：温州市五星小学　陈显跃

关键性问题引领下的数学思考

——“除法竖式计算”教学设计

【教学内容】

学生在认识余数、会列有余数的除法算式的基础上学习列出除法竖式的方法，并了解竖式中各部分的含义。

【教学目标】

1. 通过教师引导和学生自主讨论形成对除法竖式的认同感，帮助学生学会并正确列除法竖式。

2. 从动作、语义、符号等多个方面理解除法竖式各部分的含义。

3. 让学生在探究过程中，发展对数学的思考能力，激发学习数学的热情。

【教学过程】

一、展示课前学习成果

师：课前老师给大家留了一道题目，你们都用了哪些方法解决这个问题？

生1：摆一摆。

生2：画一画。

师请2生上台分别演示摆一摆和画一画的方法。

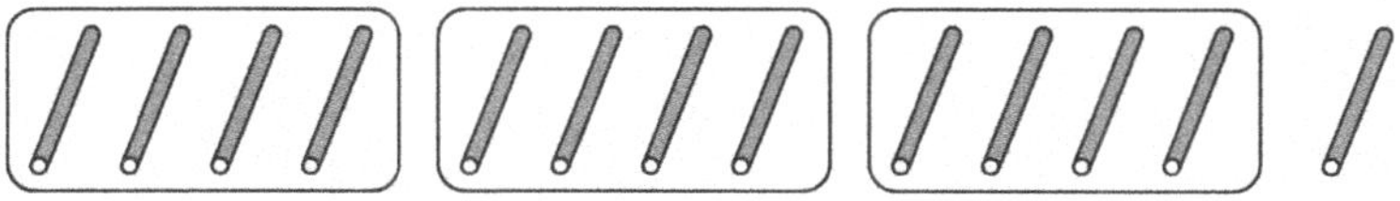

生3：算式。

师板书：13÷4=3(组)……1(根)

师：像这样的除法算式还可以写成竖式，你认为怎么写比较好？试一试。

设计意图：本环节从学生已有的知识经验出发，借助操作，在交流中温故除法的意义，为新课的教学打下基础。

二、体会除法竖式对运算的记录意义，形成对除法竖式的认同感

1.学生尝试列竖式。

2.展现学生想法，形成讨论基础。选择典型竖式，请多生上台分别介绍自己的竖式，解释各数的含义。

生1：

$$\begin{array}{l} \ \ 13\\ \div\ \ 4\\ \hline \ \ \ \ 3\cdots\cdots 1\end{array}$$

生2：

$$\begin{array}{r} 3\\ 4\overline{)13}\\ \hline 1\end{array}$$

生3：

$$\begin{array}{r} 3\\ 4\overline{)13}\\ \underline{12}\\ 1\end{array}$$

设计意图：尊重学生的想法，充分引发学生的认知冲突，形成讨论基础。

1.引领深度思考，体会除法竖式对运算的记录意义。

师：以上几种竖式，你更喜欢哪种？为什么？

生1：我喜欢第一种，比较简单，好懂。

生2：第二种和第一种意思差不多，就是看起来不一样，我妈说要写成这样。

师：那你喜欢写成这样吗？

生：不喜欢。

师：大家还有什么想法吗？

生3：我觉得第三种把已经分了多少根都表示出来，挺好的。

师：正像大家所说的，第三种方法记录了中间分的过程和最后的结果，数学家们也喜欢这样的记录方式。

2.师示范板书，梳理书写顺序，强调商的书写位置。

师：13除以4的商应该写在哪里？为什么？

$$\begin{array}{r} 3\\ 4\overline{)13}\\ \underline{12}\\ 1\end{array}$$

3.沟通三种表征之间的联系。

师：竖式中的13表示什么？还能在哪里找到？同桌指一指。

生1：有13根小棒。

生2：横式中有13，叫作被除数。

师板书：被除数。

其他以此类推，帮助学生理解，师完善板书。

$$\begin{array}{lrl} & 3 & \cdots\cdots 商 \\ 除数\cdots\cdots & 4\overline{)13} & \cdots\cdots 被除数 \\ & 12 & \cdots\cdots 4乘3的积 \\ \cline{2-2} & 1 & \cdots\cdots 余数 \end{array}$$

4. 模拟练习：如果每 5 根分一组，结果怎样？

学生动手操作，再写出横式和竖式。指名板演，书写顺序的过程被进一步放大，在相互批评指正中改进，同桌互说各部分数字的含义。

师：有什么需要大家注意的地方？

设计意图：自主构建知识，体验运算的记录意义，加深学生对除法竖式计算的意义理解，而且能够形成对书写格式的认同感。

三、知识迁移，在自主构建中感悟余数为 0 的除法竖式。

1. 有 16 个苹果，平均分给 5 名学生

每人分到（　　）个，还剩（　　）个。

16÷5=　　（个）……　　（个）

$5\overline{)16}$

学生独立完成，一起校对。错例展示（如商的位置书写错误），指名解释竖式中每个数字的含义。

2. 有 16 个苹果，平均分给 4 名学生，每人分到（　　）个。

16÷4=　　　　（个）

$4\overline{)16}$

学生独立完成，一起校对。解释竖式中每个数字的含义。

师：比较这两道除法竖式，你有什么发现？

追问：余数为什么写 0？进一步体会除法竖式的记录意义。

设计意图：在解决实际问题中进一步体会除法竖式的意义，通过自主构建，学生初步感受到表内除法（余数为 0 的除法）是有余数除法的特殊情况。学生的学习

能力有差异，练习的交流是一个分析问题原因、进一步理解改进的过程。

四、回顾梳理

1. 有什么收获？

2. 你对除法竖式还有什么想说的？

五、作业设计

前置性作业：13 根小棒，每 4 根分一组，结果怎样？

方法 1：　　　　　　方法 2：　　　　　　方法 3：

拓展延伸作业：

根据提供的信息列出竖式，然后完成填空。

(1)有 17 根小棒，拼成一样的三角形，可以拼(　　)个三角形，还余下(　　)根。

(2)有 18 根小棒，拼成一样的三角形，可以拼(　　)个三角形，还余下(　　)根。

(3)有 19 根小棒，拼成一样的三角形，可以拼(　　)个三角形，还余下(　　)根。

六、板书设计

除　法　竖　式

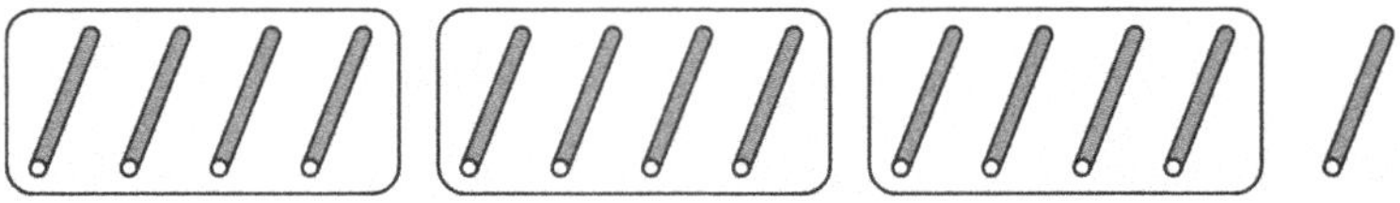

13÷4=3(组)……1(根)

3 …… 商

除数…… 4)13 …… 被除数

12 …… 4乘3的积

1 …… 余数

【教后反思】

一、教师在提炼关键问题的过程中提升教学力

关键问题体现了数学知识的本质，是学生知识学习和能力发展的关键所在，它指引教学方向，引领教学的进程。关键问题的提炼体现了教师对教学内容的认识、对学生情况的把握、对数学教学的价值追求。本节课主要围绕两个关键问题展开教学：1. 如何形成学生对除法竖式的认同感。2. 如何让学生深入理解除法竖式每

一步书写的意义。

二、学生在提出问题、解决问题的过程中提升学习能力

问题解决能力是判断学生数学素养高低的重要指标。通过创设情境、引发认知冲突，教师可以激发学生的问题意识。学生在学习过程中产生的怀疑或困惑的心理能够极大地激发学生的学习积极性，促使其不断提出问题、解决问题。这一过程不仅有利于提高学生的问题意识和问题解决能力，也有利于学生探究精神的培养和良好个性的发展，从而提升学习力。

本节课从“学生的想法”开始，发现不足，进而探究出一种更为合理的方法，层层递进。学生在比较中体验竖式对运算的记录意义，理解并掌握了除法竖式，它基于学生的想法并提升学生的想法。引导学生在操作中建立动作、语义、符号等不同表征方式之间的关系，加深学生的理解。在倡导“学本课堂”的今天，教师应留给学生更多的表达空间和机会。对这些真实想法的讨论，能激发学生的问题意识和数学思考，从而产生对数学的认同感。数学是思维的体操，有道理的慢其实不是慢，是数学的核心；而知识的快不是快，是省略了数学的内涵。

执笔：温州市瓦市小学　金敏洁

“重叠问题”教学设计

【教学内容】

“重叠问题”是三年级数学广角中的教学内容。

【教学目标】

1. 使学生能借助直观图，利用集合的思想解决简单的实际问题。

2. 让学生经历探究的过程，感知韦恩图的产生，体验解决问题策略的多样性，并初步渗透集合思想。

3. 丰富学生对直观图的认识，发展形象思维。使学生在主动参加数学活动过程中获得成功的体验，提高学生学习数学的兴趣。

【教学过程】

一、引入

1. 喜欢折纸吗？出示红纸条和黄纸条各 15 厘米，问：两根纸条一共长多少厘米？

2. 折纸时，我们经常会这样做：把两张纸条连接起来。现在这张纸条的总长度是 30 厘米吗？为什么变短了？

3. 有重叠部分，那这时该怎么算它的总长度呢？通过这节课的学习看看你能不能解决。

二、新课教学

1. 出示。

语文	5 人
数学	6 人

问：一共有多少人参加课外小组学习？

2. 确定是 11 人？

看看名单：

三(1)班参加语文、数学课外小组学生名单

语文(共5人)	A	B	C	D	E	
数学(共6人)	A	B	F	G	H	I

仔细观察,有什么发现?

到底共有几人参加?

3.一起来分析。

我们将语文组的放左边,数学组的放右边。

请两个小朋友来分一分。

你们有什么问题想问他们?

有什么办法能让别人很容易看明白哪些人参加语文组,哪些人参加数学呢?

左边的圈表示什么?(语文)右边的圈表示什么?(数学)那中间的呢?(既,又)左边像半个月亮一样的圈里呢?右边半个月亮呢?

4.画两个圈就解决了这个问题。其实,用这样的图来表示有重叠的两部分,是英国的逻辑学家韦恩第一个发明和使用的,因此它被命名为“韦恩图”。

5.现在你能列式计算了吗?(还有别的算法吗?)

3+2+4　　5+(6-2)　　6+(5-2)　　5+6-2

分别请学生讲解。

6.小结。

第一种:将总人数分成三部分,只参加语文的、只参加数学的和两项都参加的,然后把三部分合在一起。

第二种:先算上参加语文的5人,这时把A和B已经算进去了,所以算数学组的时候不再重复算他们了,因此只加上4人。

反过来,先算上参加数学的6人,也是同样道理,算语文组时就不再重复计算A和B这两人了,所以只加上3人就可以了。

第三种:先把两部分人都相加,这时计算语文组时有A和B,计算数学组时也有A和B,他们俩重复计算了两次,所以再从总数里去掉他们两人。

7.观察后两种方法,你觉得它们之间有什么联系吗?

其实不论是把重叠部分从哪一组中去掉,最后都可以理解为先把两部分相加,

再去掉重叠部分。

三、巩固练习

同学们，其实在生活中，不仅在课外小组的名单里会遇到重叠问题，其他很多地方也有重叠问题，比如文具店进货情况。(出示)

1. 两天一共进了几种货？

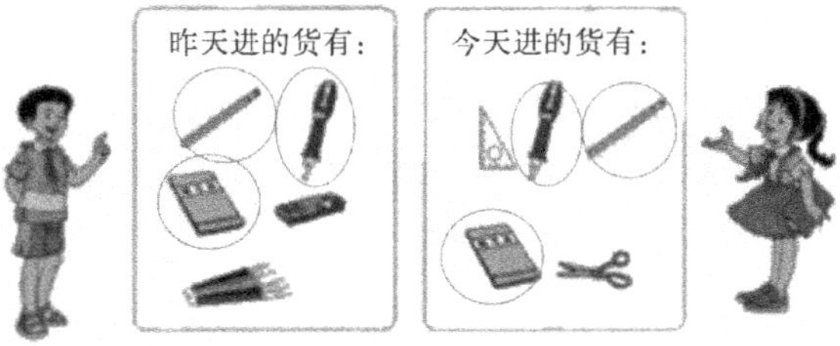

有重叠吗？怎么在韦恩图中表示？列式计算。

2. 如果两天的进货情况是这样的，只知道昨天进了 5 种货物，今天进了 3 种货物，具体是什么不清楚，那么两天一共进了几种货呢？

两天一共进了几种货？

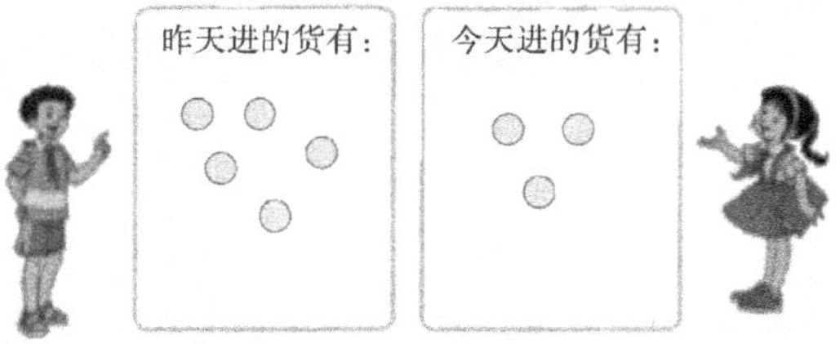

(可能 5 到 8 种)为什么？你是怎么想的？配合图示讲解：可能都没有重叠部分，那就是 8 种；也可能有一种重叠……最多会有几种重叠？

3. 现在来算算纸条的长度。(出示数据)

四、总结

今天你有什么新的收获？今天我们在课外小组的人员名单中发现了重叠现象，在商店进的货物种类中也发现了重叠现象，还在折纸中找到了重叠，其实生活中还有很多重叠的现象等着你们去发现，回家找一找、算一算，好吗？

【教后反思】

这节课我借助学生熟悉的题材，渗透集合的有关思想，使学生理解用直观图

（韦恩图）表示重叠现象的方法，并能在讨论探索中了解韦恩图各部分的意义，特别是重叠部分（交集）的意义，从而掌握利用集合的思想方法来解决简单的实际问题的方法。按照设计好的思路教下来之后我感觉有以下几点还需要改进：

1.在教学中我是采用集体讨论的形式设计出韦恩图，并理解韦恩图的。

这种形式只能有部分孩子参与进来，而其他孩子虽然也能学到知识，但主动性相对会有所降低，对孩子独立思考的能力培养也没有好处。引出韦恩图这个过程，如果能发给孩子所需材料，然后让他们独立思考，大胆创造，并以组内交流的形式进行，应该更能让孩子充分经历韦恩图的形成过程，印象更深刻，对学生的创造力、想象力以及自信心的培养也会有一定好处。

2.在理解韦恩图之后，没有进行比较。

在此之后，如果能增加与表格形式的对比这样的环节，让孩子说说韦恩图好在哪儿。这样能让孩子感受到韦恩图的优势所在，体会到学习韦恩图的价值所在，从而也能再次加深孩子对韦恩图各部分的理解。

执笔：温州市黄龙一小　赖萌萌

“认识时间”教学设计

【教学内容】

人教版《数学》二年级上册“认识时间”。

【教学目标】

1.在具体的生活情境中,借助钟面认识时间单位“分”,知道 1 时=60 分。

2.结合直观演示和操作,知道在钟面上分针走 1“小格”是 1 分钟,初步认识几时几分,会读写几时几分和几时半。

3.使学生进一步学习观察、比较的方法,并形成初步的推理能力。初步培养学生珍惜时间、合理安排时间的习惯。

【教学过程】

一、复习旧知,导入新课

时间跟我们的生活紧密相关(出示 7 时整起床图、12 时整中饭图,20 时整睡觉图)

这几个钟面你会读出时间吗?第一个钟面要求说出读的方法。

老师总结:分针指向 12,时针指向几,就是几时。

你能读出下面这个钟面上的时间吗?

(分针从 8 时整一格一格走到 8 时 5 分)

观察这个时间,它的分针不是指向 12 的,那怎么读呢?可以让学生介绍自己的想法。

那么怎么样才能正确地读出这样的时间呢?这节课我们就来进一步认识像这样几时几分的时间(板书课题:认识时间)。

二、活动探究,自主学习

1.钟面构造的回顾。

出示大屏幕上的钟面(非两圈)

仔细观察,每个大格里有 5 个小格,课件强调 1 大格中有 5 个小格,谁能告诉大家钟面上分针是怎么走的？

2.认识1分钟、几分钟。

分针是用来计分的，分针在钟面上走1小格的时间是1分。分针继续走2小格，3小格，4小格，5小格。现在分针从刻度12走到了刻度1，经过了几分？为什么呢？（一大格有5个小格，1个5就是5分）

（继续拨动钟面，分针1格1格走向刻度2，3，6，10）经过了几分？怎么说得这么快，你有什么好方法？（每个数字加5，乘法口诀，数数，等等）比较一下哪种方法比较快？看来乘法口诀这个方法比较快，请你用上这个好方法，算一算当时针走过数字几的时候表示经过了几分钟。

翻开书书写两圈图，写完后抢答，“7”“8”“11”。观察一圈，分针走一圈是多少小格？多少分？

3.钟面上的时针分针走动，揭示1时等于60分钟。

钟面指针走动（扫一个大面）稍做停顿，着重观察时针的变化，提问：你发现了什么？分针走一圈是多少分？时针走一大格是几时，所以说1小时等于60分钟。

4.初步尝试看时间。

刚才我们了解了分针指向不同刻度表示的时间，现在请同学们观察一下这时间（6时25分）该怎么读？时针走过几，分针指向几？（7：30）同桌交流、汇报，（9：05）教学书写，分钟数不到10，要在前面添上0，（2：50）引起矛盾冲突，同桌讨论。（虚线延长）

板书9：05和7：30。

3个钟面放一起对比，到底是怎么认读时间的？同桌交流，概括小结，时针走过（　　），分针走了（　　）小格，就是几时几分。

小朋友们，我们学了这么久，来玩一个拨钟游戏吧。老师说时间，学生拨钟面（4：15，5：55）学生同桌合作：一人拨钟面，一个说时间，学生上台展示。

5.写钟面时间。

瓦市小学作息时间表

上午8：40第一节课。11：35放学。14：05第一节下课。14：55下午放学。学生独立完成后，在全班交流认读的方法，介绍“几时差几分”的读写方法。错例展示、分析，再出示正确答案。

6. 生活中的时间。

练习题

板书：

认识时间

分针走 1 小格是 1 分，走 1 大格是 5 分

1 时＝60 分

时针走过（　　），分针走了（　　）小格，就是（　　）时（　　）分。

特殊时间 7:30　　7 时半　　7 时 30 分

9:05　　9 时 5 分

【教后反思】

对低年级的学生来说，时间是很抽象的概念，比较难被理解。在教学中要注意尽可能地使学生联系生活实际，使用钟表模型等学具、教具，让学生在实际观察和操作中掌握的概念和知识。教学中要充分利用学生对时间概念的已有知识，在新旧知识之间建立一种联系，达到更深层次的理解。

“认识钟面”一课要让学生重点认识 12 个大格和每个大格里的 5 个小格，课件一小格一小格地演示，这为认识一大格表示 5 分做了铺垫。学生还要认识分针指到各个数字各代表几分。读、写钟面的时刻，采取学生独立思考再同桌交流的方法，互相说一说自己是怎么认读这个钟面的。时与分的关系难在 1 时＝60 分的推导，这需要采取让学生观察动态课件分针转了一圈，时针走了 1 大格的动态过程。时针走一大格是 1 小时，分钟走一圈是 60 分。让学生自己发现 1 时＝60 分，既加深了学生的认识，突破了重点，又激发了学生的学习兴趣。

这一节课上下来，我觉得比较好的地方是：学生真正“动”了起来，思维“活”了起来。学生在“玩”中学知识，在“悟”中明方法，在“操作”中自主探究。学生学得主动，学得轻松，感受到了学习的快乐。让学生动手拨小闹钟为学生提供了动手实践、自主探索、观察与思考、发现、表达的机会，激发了学生的参与意识和积极性，同时又培养了学生的动手实践能力。教学形式上，我重视学生的独立探索和合作交流的有机结合，课堂中让学生根据自己的体验，用自己的思维方式去探究、去发现、去再创造，使每个学生都有一块属于自己思维的开拓区域。通过趣味性的练习，让学生动手拨一个自己喜欢的时刻，并说说这个时刻在干什么。这样既联系了学生

生活实际,又突出了应用意识和实践能力的培养。我充分利用了学具,调动学生多种感官参与学习,让学生在实际中运用所学知识,密切联系实际。这堂课体现了数学来源于生活,生活离不开数学的道理。注重学生数学学习与现实生活的联系,教学中注意创设生活情境,使数学更贴近学生。教学中要注意引导学生用数学的眼光去观察和认识身边的各种事物,学会从生活中发现数学问题、提出问题并设法解决问题。

执笔:温州市鞋都一小　周宓

让知识“动”起来，让学习“活”起来

——“平移与旋转”教学设计

【教学内容】

利用移一移、转一转两个活动，学生可以自主探究发现平移、旋转运动的特点。

【教学目标】

1.能够初步认识平移、旋转现象，会正确判断平移和旋转运动。

2.通过学生活动探索物体或图形的运动形式，逐步发展空间观念。

3.培养学生的观察、动手能力和合作意识，能够用数学的眼光看生活现象。

【教学过程】

一、情景引入，直观感受

1.出示游乐园课件。

师：同学们，你们到过游乐园吗？今天，老师带你们一起去游乐园看看。

（课件出现游乐场情景：观览车、观光梯、滑滑梯、小火车、旋转飞机、风车、时钟）

师：游乐园里各种游乐项目真多啊！小朋友们想不想也一起玩玩呢？好，现在请同学们伸出你们的小手，我们一起来乘坐这些游乐设备。

2.老师引导，一起来描绘各种游乐设施的运动。

师：仔细回想一下，它们的运动相同吗？你们能把它们分分类吗？

生：小火车和观览车、观光梯、滑滑梯分一类，风车和旋转飞机、时钟分一类。

师：说说分类的理由。

预测：(1)直直、平平的运动。

(2)转动的(手势表示也是可以的)。

师：像小火车和观览车、观光梯、滑滑梯这些都叫作平移现象，像风车和旋转飞机、时钟这些都叫作旋转现象。

设计思路：孩子对平移和旋转已经有了一定的生活经验。平移和旋转的现象在生活中虽随处可见，但其特点要让学生用语言表达则很难。让孩子用手势来表示出平移、旋转，让学生在比画中感知平移与旋转的运动方式，充分调动学生的积极性，使学生主动参与，积极探究，对平移旋转现象产生更深刻的理解。

二、探究新知，自主学习

1. 平移的学习。

(1)出示三张平移图片。

缆车、上下电梯、小火车

师：谁来说一说这些平移现象都是怎样平移的？

预设：手指一指；平平的，第一张是斜着直直的移动，第二张是上下平移，第三张是左右平移。

师：在你们桌面上有张小车图片，下面我们就一起试着平移一下小汽车。

活动要求：

①在练习本上摆好小车的位置，记录下小车开始的位置。

②同桌讨论如何平移小车，再每个人自由平移小车一次。

③思考你的小车经过平移后什么变了，什么没有变化。

引导：你在移动的过程中要注意什么？

学生情况预测：

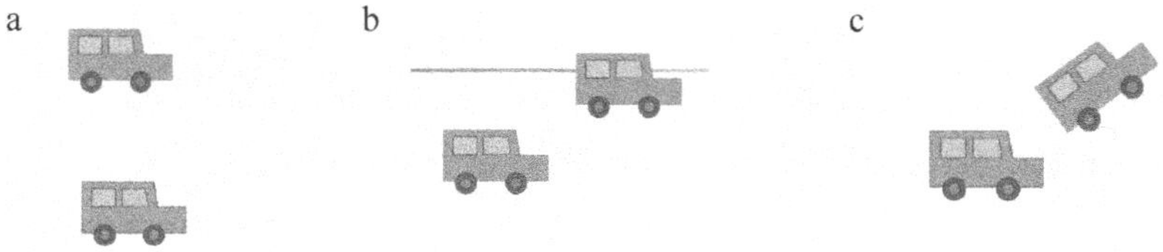

(2)反馈引导。

①从向右、向左、向上或散乱的小汽车图形就可以说出当小汽车平移后，什么变了，什么没变？(板书：位置变了，方向、形状都没有变。)

②重点讨论 c，c 这种情况是平移吗？说说理由，引导从位置、方向、形状等方面思考。

③另外准备几个小汽车图形，一辆大于原图，一辆小于原图，还有方向不对的这些小汽车。说说这些图是不是小车平移得到的。

引导：可以让学生来说一说自己是怎样移动小车的，在移动的时候有没有让小车转动，如果有转动那么就不是平移，也就是小车的方向改变后就不再是平移运动了。小车的大小发生改变后判定还是不是原来的小车，如果不是那就不是由原来的小车平移得到的。

重点说明平移后物体的大小、形状都没有改变。

(3)师：你还见过哪些平移现象？自由发言。

2.旋转的学习。

师：之前我们在游乐园里认识了平移现象，还有旋转现象，下面我们就来做一个旋转的游戏。

(1)旋转活动。

①四人小组进行讨论，利用一支小棒和给定的纸片，使纸片旋转起来。

②讨论：你们这组是怎样使纸片旋转起来的？

③思考：这几种旋转都有什么共同点？说给组员听一听。

(2)请小组进行汇报。

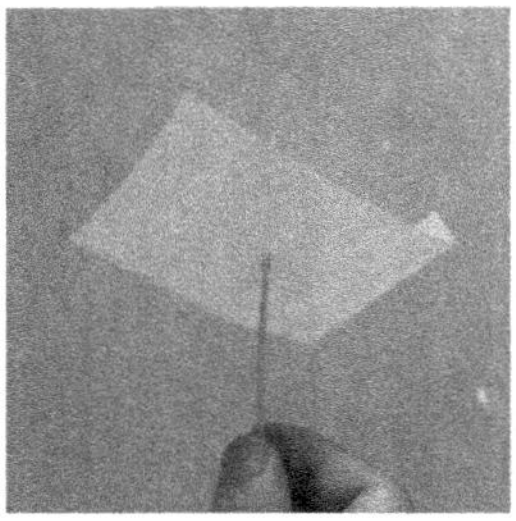

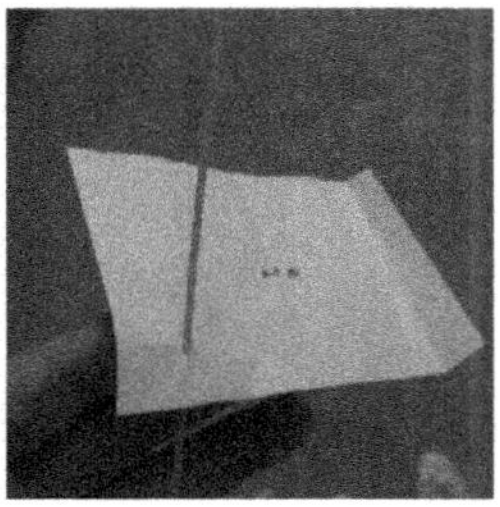

预设：旋转后都在绕圈圈；中间都被戳了一个洞；都有一个中心点……

教师引导：物体的每个部分都绕同一个点(或同一条直线)转动就是旋转运动。(板书)

师：假如纸片上有个小黑点，那么旋转后会是什么图形？(动手试一试)

学生在自己的纸上画一个明显的黑点，并进行旋转实验。

(3)生活中有哪些旋转现象？

两个活动的设计，看似简单，但却设计巧妙，活动一这样的预设，有效地激起学生的思维碰撞，引起学生的讨论。教师适当进行点拨，引起学生的重新思考。但欠缺的是怎么样很自然地把学生的注意力引向图形上点或线的移动。活动二的设计会遇到很多情况，当学生面对一些数学现象或一个需要解决的数学问题时，都会产生猜想，有时虽然是错误的，但它是学生思维活动的显现，是学生学习数学的重要组成部分。而这两个活动让学生经历“猜想—探究—验证”的学习过程，在学会知识的同时，也学会了数学探究的方法，有助于巧妙地突破教学难点。

三、巩固提高，活学活用

1.小游戏：听口令做动作。

往前平移一步，往后平移一步，让自己旋转起来。

2.课本练习七第4小题。通过平移与红色小鱼重合。

(1)先让学生想一想、画一画。

(2)组织学生说说哪些鱼可以与红色小鱼重合，是怎么想的？为什么说是平移？

(3)提问学生：“与红色小鱼重合的小鱼都有什么特征?”指导学生说出“与红色小鱼的头尾方向完全相同，只是位置的不同而已。”然后课件出示这一解释。

3.欣赏生活中的平移旋转图片。

设计思路：“用听口令做动作表达自己对平移和旋转的理解”“涂涂小鱼辨析平移”“欣赏生活中的旋转与平移”等操作性强的活动环节，让学生深刻地建立起平移和旋转的数学表象，从而真正使枯燥的数学知识“活”起来，让学生的数学学习“动”起来。

四、小结回顾，交流心得

1.小朋友们在这节课中学到了什么呢？让学生在小组内交流，说说这节课的主要内容是什么。

2.由小组选派代表交流。

3.教师出示课件，提出课堂教学的核心知识。

平移运动：

直直的、大小、形状、方向	没有变
位置	变了

旋转运动：

都围绕一个中心点在旋转。

课堂教学的目标是多方面的，我们要突破知识性，更要注重能力性。在课堂教学的最后我设计了一个双向互动的交流活动，让学生在交流中小结自我的学习成果，其中也能培养学生倾听别人意见的意识，还能提高学生的语言能力。

【教后反思】

“平移和旋转”一课，对于二年级学生来讲比较抽象、复杂。如果按照传统的教学模式，教师把这些概念用文字概括告诉学生，再加上相应的练习，学生会掌握得很好，而到实际生活中却不会应用。

我们知道数学来源于生活，其实平移和旋转的现象在生活中经常见得到，大部分学生还亲身经历过。如何化抽象的概念为通俗易懂的生活现象呢？课前我利用了学生身边的生活情景图（游乐园的游乐项目），如：游览车、旋转飞机、风车等，让学生感受数学在我们身边，生活中处处有数学。平移、旋转的现象在生活中虽随处可见，学生对于此的分类也是非常清楚的，可知学生对于平移和旋转这类生活常识的认识其实是相当充分的，但平移旋转的特点要让学生用语言表述很难。于是，我用动作的准确性（用手势比画、肢体演示）弥补语言表达的不足。在教学平移、旋转的现象时，我让学生先用自己理解的来对小车进行平移，在学生对平移错误的理解地方加以调整，这样让学生认识到平移的真正特点，从而使学生由错误中获得的成功印象更加深刻。

但是同时，我在课堂上发现学生对于平移理解还是很不到位的，很多学生在平移小车时方向单一，还有学生把小车转动后进行平移，他们觉得只要是把位置变了，就可以说是平移了，所以在此环节上的引导花费了大量时间。我在引导他们区别平移与旋转时语言不太到位，导致只有一位学生提到了小车是经过转动后再移动的，其他方向的平移也就没有太多时间讲解了，此环节我觉得还可以再深思一下，设计一下引导的语言。

通过这堂课的教学，我深刻地体会到，要上好一堂课是很不容易的，必须深入钻研教材，准确理解教材的编排意图，还要根据班级学生的生活实际和学生的认知规律，再重新组织教材，重新建构教学过程。在重点难点的突破中还要多下功夫，一堂好课还是需要多研、多磨。

执笔：温州市鞋都三小　吴加加

"因数与倍数"单元整理与复习教学设计

【教学内容】

因数与倍数的整理与复习是五年级下册总复习的一节课。

【教学目标】

1.复习因数与倍数含义,并整理与它们相关的概念,使零散概念串成线、连成片,建立体系。

2.运用思维导图解决问题,突出概念间的联系与区别。

3.学会整理的方法,感受事物是相互联系的。

【教学过程】

一、复习因数与倍数含义以及相关概念

1.共同回顾因数与倍数的概念。

师:这节课,我们要整理因数与倍数这个单元的知识。因数和倍数主要研究的是非零自然数,例如1,2,3,4,5,6……什么是因数、什么是倍数?

生:6÷3=2,6是3的倍数,3是6的因数。

师:因数和倍数都是表示两个数之间的倍数关系,因此不能孤立地说某个数是倍数,某个数是因数。对吗?(擦去"6是""3是")对因数和倍数,你还有什么了解?

生:6的因数有1,2,3,6。它的最小因数是1,最大因数是6。

生:3的倍数有3,6,9,12,15,18……它的最小倍数是3,没有最大的倍数。

生:一个数的最小倍数和最大因数都是它本身。(擦去"6的""3的")

(设计意图:回顾并明确因数与倍数的概念,为整理知识间的脉络做好准备。)

2.给出本单元知识点,指导学生归类整理。

在黑板右侧贴出概念卡片:2,3,5,奇数,偶数,质数,合数,1,分解质因数,质因数,公因数,最大公因数,公倍数,最小公倍数,互质数。

师:因数和倍数这个单元的概念按出现的顺序排列有这么多。结合具体的例子，小组内四人轮流介绍一组概念，思考这些知识怎么和因数与倍数两个概念联系起来。像老师一样，将有联系的知识用线串到一起。小组内一位同学做简单记录。（书第 116 页第 1 题）

投影复习建议：

（1）四人小组轮流介绍一组概念，并思考他们与因数、倍数知识的联系。

（2）将有联系的概念用线串到一起，选一位同学将组内找到的联系简单记录在书第 116 页第一题。

设计意图：轮流介绍让每个学生有发言的机会，指导学生合作整理本单元知识点；思考知识间的联系，用线串在一起的要求，促使学生对已学习的知识进行分类，而分类的活动使每个学生真正参与到复习与整理的过程中来。

3. 师巡视，注意交流卡片 2，3，5，指出 2 的倍数特征，3 的倍数特征，5 的倍数特征，指导各个小组顺利地找到一条或多条因数与倍数概念间的关系。

二、共同整理，达成共识

1. 因数→公因数→最大公因数

倍数→公倍数→最小公倍数

知道了因数，什么叫公因数？两个数公有的因数

什么叫最大公因数？公因数中最大的一个。

知道了倍数，什么叫公倍数？能具体解释下吗？2 和 3 的公倍数是 6，12，18……，6 是 2 和 3 的最小公倍数。

2. 因数→质数

→合数

倍数→2，3，5 倍数的特征

→奇数

→偶数

将非零自然数看成大的集合圈，集合圈里不是奇数就是偶数。奇数有……，偶数有……。出示奇数分类，你看明白了什么？

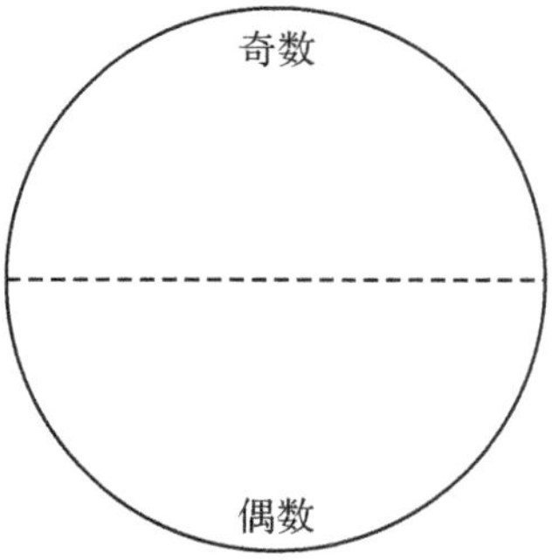

非零自然数

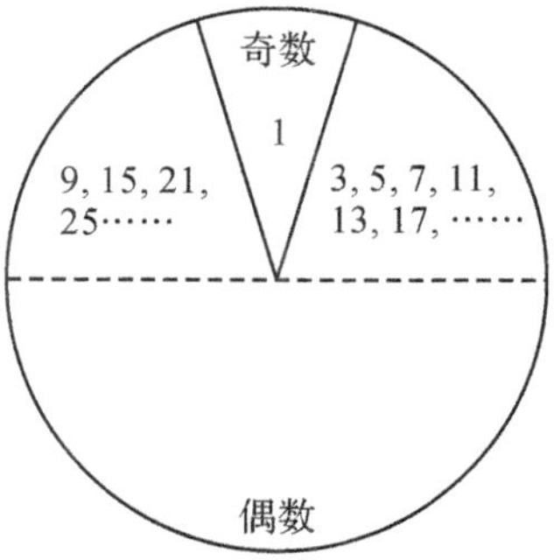

非零自然数

生:9,15,21,25 是奇数合数,3,5,7,11……是奇数质数。

出示偶数分类:

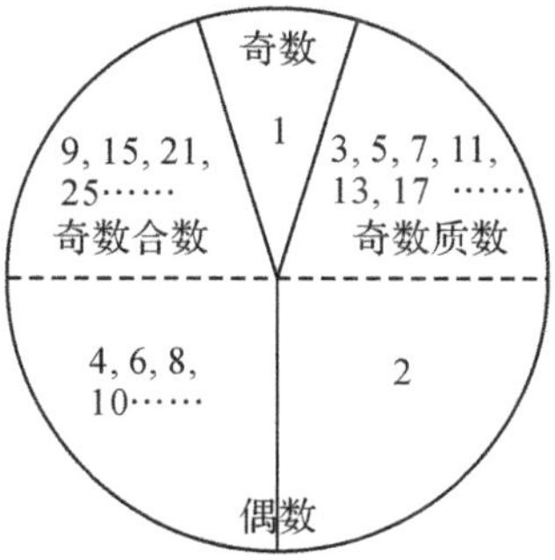

非零自然数

看来,非零自然数不仅可以分成奇数与偶数,还能根据因数的个数分成质数、合数。

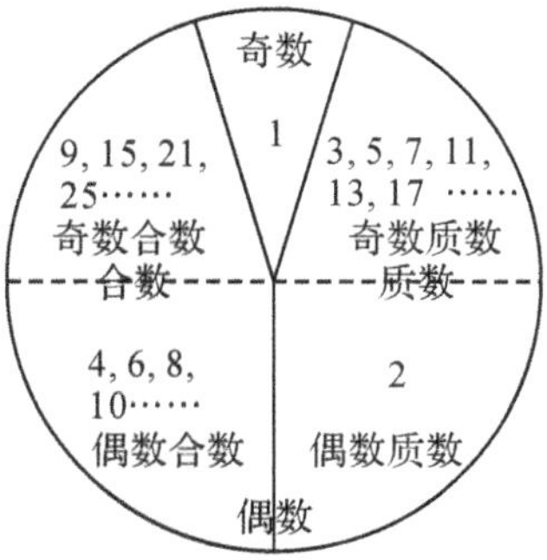

非零自然数

在不同的分类标准下,哪些数比较特殊?

生:2 比较特殊,2 既是质数又是偶数。

师:2 的倍数都是合数,你们同意吗? 5 的倍数都是合数。那么几的倍数都是合数? 合数的倍数。一个数最小的倍数是它本身。

1 既不是质数也不是合数,但它是奇数。公因数是 1 的两个数互质,1 和任何数互质。

3. 合数→分解质因数→质因数

我们都是将什么数分解质因数?

一个合数可以写成几个质因数连乘的形式。

4. 公因数→互质数

什么是互质数? 公因数只有 1 的两个数互质。

设计意图:通过学生的汇报,共同构建因数与倍数单元的知识网络,见板书设计。在学生整理网络的过程中穿插复习非零自然数的分类,使学生更好地看待所研究的对象。

三、练习巩固

通过整理,跟因数有关的概念有……,跟倍数有关的概念有……。还有哪个概念不清楚? 比较难理解?

生:互质数比较难懂。

师:互质数和因数倍数一样,是表示两个数之间的关系,而且这两个关系可以直接判断最大公因数与最小公倍数,对吗?

下面就用我们整理的知识网络来练习,巩固知识间的联系。

1. 把下面的合数分解质因数(写成几个质数相乘的形式)。

8=(2)×(2)×(2)

12=(2)×(2)×(3)

39=(3)×(13)

78=(2)×(3)×(13)

50=(2)×(5)×(5)

层次一:反馈对错,不对的地方老师展示出来。

层次二:看到前面的数,又想到什么知识?

生:39 是 78 的因数,78 是 39 的倍数。

跟进练习:判断对错(78,39)=1

生:39 和 50 互质,8 和 39 互质,

跟进练习:判断对错,短除法结果要除到互质为止。

54和36

```
3 | 54  36
  ---------
  | 18  12
  ---------
```

54和36

```
3 | 54  36
  ---------
3 | 18  12
  ---------
  |  6   4
  ---------
```

54和36

```
6 | 54  36
  ---------
  |  9   6
  ---------
```

生:他们都是合数。

跟进练习:哪些合数容易被忽略? 49,77,91,57……

师:12 的质因数是 2 和 3,它的因数有 1,2,3,4,6,12。

追问:质因数和因数有什么区别? 因数和最大因数有什么关系?

生:50 有质因数 2。

跟进练习:找出 1～20 这些数中与 50 互质的数是哪些?

50=(2)×(5)×(5)

学生尝试。

师:50 有质因数 2,与它互质的数一定不是偶数,而是奇数。50 有质因数 5,与 50 互质的数一定不是 5 的倍数,它们是 1,3,7,9,11,13,17,19。

师从 1 报到 20,学生手势判断是否与 50 互质。

设计意图:根据学生的回答,设计跟进练习,意在一题多用。质数的概念对今后数论的学习非常重要,因此此时应让学生充分感受与练习。

2.求两个数的最大公因数和最小公倍数。

4 和 10　　　　13 和 7　　　　77 和 7

选一组说一说你怎么找的?

13×7=91,91 分解质因数是多少?

3.选择。

1.两个连续自然数(0 除外)的积一定是(　　)。

A.奇数　　　　B.偶数　　　　C.合数

2.自然数中,凡是 5 的倍数(　　)。

A.都是偶数　　　　B.都是合数　　　　C.可能是奇数也可能是偶数

3.既是 3 的倍数又是 5 的倍数的最大两位奇数是(　　)。

A. 75　　　　　　　B. 90　　　　　　　C. 99

四、回顾与反思

今天我们整理了因数与倍数这个单元的知识，仔细回顾我们整理的思维导图，看清概念间的联系，明确易混概念的区别。这节课你有什么收获？

板书设计：

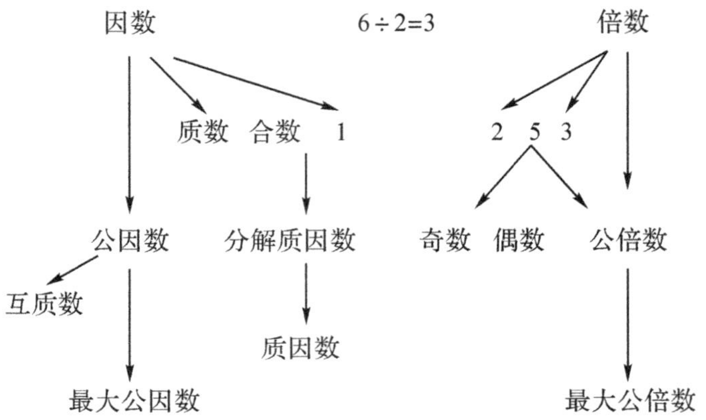

【教后反思】

1. 本堂课，从 1，2，3，4，5，6……这些非零自然数入手，将与因数和倍数相关的概念一起拿出来，利用思维导图的形式带领着学生梳理知识点，整理知识点，使复习课灵动。课中提出两点整理建议：

(1)四人小组轮流介绍一组概念，并思考它们与因数、倍数知识的联系。

(2)将有联系的概念用线串到一起，选一位同学将组内找到的联系简单记录在书第 116 页第 1 题中。

这样按出现顺序给出本单元的概念，以及按整理要求复习，使学生有话可说而且表达不流于表面，能深入学生内心。同时建议，轮流介绍让每个学生有发言的机会，指导学生合作整理本单元知识点。思考知识间的联系，用线串在一起的要求，促使学生对已学习的知识进行分类，而分类的活动使每个学生真正参与到复习与整理的过程中来。

2. 整堂课从因数与倍数的概念出发，整理是有条理的。换一个角度，还能从数的分类出发，继续展开，使教学既有条理又能深入。例如杜纪东老师的这节课，就是从数的体系引入：

- 数
  - 整数
    - 正整数
    - 零
    - 负整数
  - 分数（小数）

正整数1,2,3,4,5,6……是这堂课要复习的数，将它再进行分类。

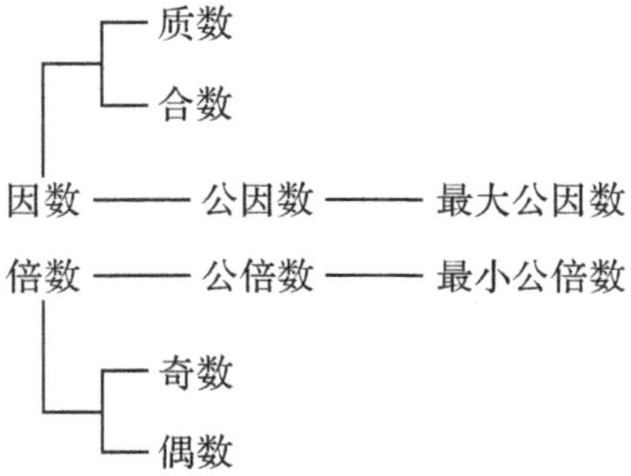

然后围绕容易混淆的“因数与倍数”“奇数与偶数”“质数与合数”这三组概念进行沟通联系。

3.使学生建立网络，顺向的导引之后，不妨采取逆向的连接。例如从互质数着手，通过练习，在练习中回顾与互质数相关的知识，例如求最小公倍数、最大公因数等，使学生经历从思维导图的末端或者中间返回的过程，使得网络间的脉络循环起来，顺通起来，那么，学生对互质数等概念将有更深的印象。这样，顺向整理，逆向返回，都要通过练习进行沟通，从而使学生更好地体会整理成思维导图的好处。

执笔：温州市马鞍池小学　苏润

“三角形的内角和”教学设计

【教学内容】

人教版四年级下册“三角形的内角和”的内容。

【教学目标】

1.让学生亲自动手，通过量、剪、拼等活动发现、证实三角形内角和是180度，并会应用这一知识解决生活中简单的实际问题。

2.让学生在动手获取知识的过程中，培养学生的创新意识、探索精神和实践能力。并通过动手操作把三角形内角和转化为平角的探究活动，向学生渗透“转化”的数学思想。

3.使学生体验成功的喜悦，激发学生主动学习数学的兴趣。

【教学过程】

一、复习引入

1.复习三角形按角怎样分类。

2.利用三类三角形内角和之争引出课题。

原来每个三角形都认为自己的内角和最大。(板书：三角形的内角和)这节课，我们就一起去探究三角形内角和的奥秘吧。

二、自主探究、合作交流

1.解释内角与内角和的意义。

师：三角形的内角指的是什么？为了方便研究我们把每个三角形都标上∠1、∠2、∠3。那么，三角形的内角和又是指什么？

2.猜一猜，三角形的内角和是多少度？是不是所有的三角形的内角和都是180度呢？你们想利用什么方法验证三角形的内角和到底是不是180度呢？下面以小组为单位，用量一量的方法验证手中的三类三角形的内角和是不是180度，请看活动要求。

3.小组合作。

验证：三角形的内角和是否等于180度。

(1)学生分组用量一量的方法验证手中的三角形内角和，师巡视指导。

(2)汇报交流。

师：有结论了吗？哪个小组先来汇报？

方法一：量一量、算一算。

投影表格：

	锐角三角形	直角三角形	钝角三角形
∠1			
∠2			
∠3			
∠1+∠2+∠3			

师：刚才，通过量的方法可以证明三角形的内角和是180度，不过有时会有误差，不能很好地说服大家，对吗？如果没有量角器，你还有别的方法证明三角形的内角和是180度吗？

方法二：撕一撕或剪一剪，然后再拼一拼。

把三角形撕下来拼成一个平角。

指名演示后，引导学生用同样的方法操作，验证其他三角形的内角和是不是180度。同学们运用撕拼的方法也验证了三角形的内角和是180度。

方法三：折一折

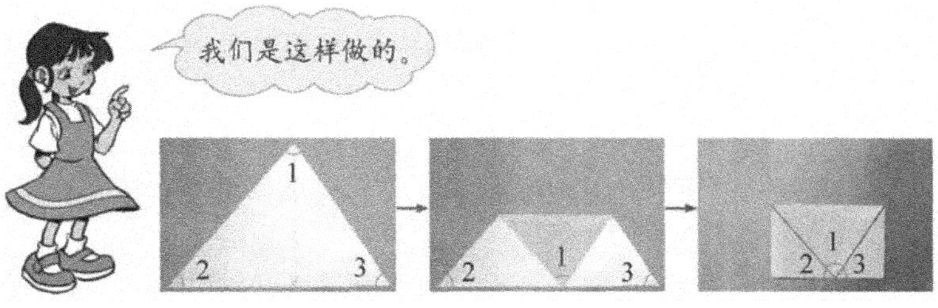

师：你们的方法真好，这种撕、剪、折的方法就是把三角形的三个内角拼起来转化成了什么？（板书：转化成平角）不同的是折的方法不用破坏三角形，只要轻轻一折就把三角形的内角拼成一个平角了，多巧妙呀！学会转化就是掌握了一种非常好的学习方法。还有不同的方法吗？

三、数学文化的渗透

师：老师也想出了一种方法，大家请看老师这儿是一个长方形，四个直角是360度，沿着对角线分割成两个直角三角形，每个三角形的内角和也是180度。著名的法国数学家帕斯卡在300多年前就是运用这种分割的方法验证出任何三角形的内角和都是180度的，他当时还只有12岁。你们在惊叹他的聪明是吗？其实，你们也很聪明。想出了用方法一、二、三验证了大大小小、形状各异的三角形内角和是180度。只要同学们拥有一双会发现的眼睛和善于探究的精神，长大了，你们也能成为像帕斯卡一样对社会有贡献的人。

师：除了我们这节课大家想到的方法，还有很多方法也能验证三角形的内角和是180度的，到初中我们还有更严密的方法证明三角形的内角和是180度。

四、利用新知，解决问题

师：下面就让我们运用今天得出的结论，解决问题。

1.看图求出未知角的度数。

已知三角形两个内角的度数，就能求出另外一个角是多少。如果一个角也不知道，或只知道一个角，你能求出三角形三个内角各是多少度吗？（书第88页第9题）

2.猜角游戏。

智力拓展。

3.判断。

分别出示两个三角形，让学生说说内角和分别是多少度。再将三角形拼成一个大的三角形，让学生说说拼成后的三角形内角和是多少度。

三角形（两种去角）师：同学们，如果这个三角形直直地去掉一个角，剩下的图形内角和是多少度？

五、回顾

同学们，通过今天的学习，你有什么收获？我们是怎样研究三角形的内角和是

180 度的？

师：这节课我们分别用度量、撕拼、剪拼、折拼、分割等方法对猜想进行验证，得出三角形内角和是 180 度的结论，最后运用这个结论解决问题。人类历史上许多重大的发现最初都源于人们的猜想，之后才慢慢被验证的。老师希望你们在今后的学习中也能大胆地猜想，科学地验证，去发现，去探索，去收获更多的知识！

六、作业

同学们，我们知道了三角形的内角和都是 180 度，那么五边形、六边形、七边形……的内角和又是多少度呢？

板书：

三角形的内角和

猜想　　180 度？

验证　　量一量，剪一剪，折一折，等。转化成平角。

归纳　　三角形内角和为 180 度。

【教后反思】

这节课，我实践着“返璞归真、以生为本”的理念，力图改变学生的学习方式，引导学生主动参与、乐于探究、勤于动手，逐步培养学生获取新知识的能力，分析和解决问题的能力，以及交流与合作的能力等，突出创新精神和实践能力的培养。探究三角形内角和的时候，我让学生通过自己动手操作、小组合作的方法去验证三角形的内角和是 180 度。尽力达到学生为主，老师为辅的目的，真正让自己起到穿针引线的作用。

一、创设情境，营造研究氛围

为了使学生有兴趣去研究三角形内角的和，我用课件播放人物化的三类三角形为内角和大小而争吵的情境，让学生观察、知道它们为什么争吵？来导入引出这节课的研究问题。

二、小组合作，自主探究

“给学生一些权利，让他们自己选择；给学生一个条件，让他们自己去锻炼；给学生一些问题，让他们自己去探索；给学生一片空间，让他们自己飞翔。”

“是否任何三角形内角和都是 180 度？”对这个猜想的验证，正是小组合作的契机。通过小组内交流，学生认识到可以通过多种途径来验证，可以通过量一量、拼一拼、折一折等方法验证三角形内角和。本人在前测时发现90%的学生想用量一量的方法验证,所以我首先请同学们统一用量一量的方法,四人小组根据活动要求,合作完成。面对有些小组的学生量出内角和的度数要高于180度或低于180度的情况,我适时学生讨论一下有哪些因素会影响到研究结果的准确性。再引导学生思考还有什么方法验证三角形内角和是180度的问题。带着这个疑问,先让学生在小组内讨论,之后用自己喜欢的方法试一试。完成汇报表(2)的任务(1、我们的方法。2、我们的发现)。再一次明确:不论三角形的大小如何变化,它的内角和都是180度。

三、练习设计,由易到难

在应用"三角形内角和是180度"这一结论时,第一层次练习是已知三角形两个内角的度数,求另一个角。第二层次练习是如果只知道一个角的度数或一个角的度数也不知道,你会求未知角的度数吗?(已知等腰三角形中顶角或底角的度数,已知等边三角形,已知直角三角形的一个锐角度数)让学生应用结论求另外的内角度数。第三层次练习是让学生用学过的知识解决四边形、五边形、六边形的内角和的问题。

执笔:温州市黄龙一小　赵菲菲

“比例的意义和基本性质”教学设计

【教学内容】

“比例的意义和基本性质”人教版数学第十二册的内容。

【教学目标】

1.理解比例的意义，认识比例的基本性质，会判断两个比能否组成比例。

2.培养学生自主参与的意识和主动探索精神；培养学生观察、分析、推理和概括的能力。

【教学过程】

一、创设情境，复习导入

1.先请同学们一起来欣赏几张照片。（课件演示教材主题图）

这些照片上都有什么？（国旗）

五星红旗是每一个中国人的骄傲，当它冉冉升起的时候，我们的自豪感都会油然而生。你们知道吗？我国还专门制定了《中华人民共和国国旗法》，老师从中摘录了一些和数学有关的知识，大家一起来看一下。（出示数据）

2.看到这些数据，你有什么想说的？或者有什么疑问吗？

（也就是说，在不同场合国旗的大小是不一样的，明白了吗？）

还有其他问题吗？

（是啊，法律是非常严谨的，这些数是随便规定的吗？这是个很有价值的问题。还有想问的吗？）

3.有同学在想这些长和宽之间是不是有什么关系呢？大家看，它们是不是有关系啊？

那我觉得咱们就得深入地想想，可以研究长和宽之间的什么关系呢？

长和宽之间有什么关系？到目前为止，学过很多表示关系的方法，比如说，可以研究长和宽的……

还有什么？

同学们都很有想法。上个学期，我们刚刚学了有关于比的知识，今天我们就用比来研究长和宽之间的关系。

二、自主探究新知

1. 比例的意义。

（出示课件）

这是这五面国旗长和宽的比，下面咱们就在小组中进行研究。注意看好要求，

（1）分组讨论，先确定研究方向，写在第一个格中。

（2）组长分工合作完成表格，并交流你们的发现。

（小组讨论交流）

我看到很多同学都有发现了是不是？哪个组愿意先来给大家汇报？

还有哪些小组是从化简比这个方向进行研究的？

还有其他研究方向吗？

大家有什么问题吗？

大家从求比值和化简比这两个角度中都有所发现，实际上你们的发现都是对的。在《中华人民共和国国旗法》中明文规定了每一面国旗的长和宽的比必须是 3∶2，也就是比值是 1.5。既然这五个比都是相等的，那同学们能不能任意选择两个比，组成一个等式？

学生直接说，师板书。

（3）这样的式子是写不完的，观察这些等式他们之间有什么共同点？

两个比都相等，非常好，还有想说的吗？

刚才同学们的观察是对的。

（4）像这样的两个比相等的式子我们叫它比例。（板书比例）谁来用自己的话说说什么是比例呀？

师：同学们说得都很好，我们看看数学中是怎么定义的。（学生齐读）

同学们一起找找这句话的关键词有哪些？（两个，比、相等）

（5）我也写一个比 2∶1，同学也想一个比要和我这个比组成一个比例。谁来？还有吗？这样写得完吗？（板书）

谁也来出一个，让其他同学也和你的比组成一个比例。

2. 生活中比例的应用。

(1)我选了几个例子，咱们一起来看一下。人体中的比例，以老师为例，你觉得我的臂展和身高符合人体的一般比例吗？(符合)

对老师挺有信心的，我把我的数据提供给你。符合吗？

谁能说出一个比例？1∶1=160∶160

很好，我还找了篮球明星科比的数据。他的臂展和身高能组成比例式吗？

那谁来说说为什么？

他的臂展是不是稍微长一些？正因为如此他才特别适合篮球这项运动。

(2)再来看，你们听说过黄金比吗？在人体当中就有黄金比的问题，同样以老师为例，这是我的数据，快来算算老师的这两个数据和黄金比一样吗？

动手算一下，你先算出来了，我们来请算的最快的同学上来汇报一下。

他已经把这个数据进行了化简，还可以把它当成最简比，他的这个数值和上边的数值一样吗？(不一样)

(3)除了人体当中有比例，大自然中也有，看看这两组数据，能组成比例吗？

3.比例的基本性质。

(1)在我们生活中这样的比例还非常多，这说明比例和我们的生活联系非常密切。那我们有必要再深入学习和比例有关的知识和内容。

请大家自学下面的这一块知识。教学比例的外项、内项。

咱们以黑板上这个数据为例。大家看，(指着6∶3=12∶6)这个式子里面内项、外项各是多少？

(师板书各部分名称)

再找一个式子，让同学们说说。(师指2∶1=20∶10)

这个呢？(指144∶96=96∶64)

(2)比例是两个比相等的式子，那么比例的里面还藏着什么奥秘呢？仔细观察。

(生观察思考中)

把你的想法带到小组里交流一下。(小组交流)

好了，咱们先听听有想法的同学是怎么说的？

两个外项的乘积和两个内项的乘积相等。

你是怎么发现的？

他只算了这一个题就总结出来了？

你有疑问吗？你说。

咱们是不是得验证验证啊？赶快，用计算器再挑一个验证。

（学生计算中）

可以证明他的结论，还有没有验证别的，咱都试试。

你得到了什么结论？

同学们的发现真是特别的有价值。这就是比例的基本性质。

（课件出示比例的基本性质）

三、巩固练习

学到现在，咱们这节课已经认识了比例的意义，还学习了比例的基本性质。

（板书课题）

下面我要检验同学们的学习情况了，你敢接受挑战吗？

练习一

1.好，先看第一道题。（课件出示练习题：6∶10=3∶5）咱们用手势的方式表示你的结果。

我看这位同学的速度可快了，你能说说你是怎么判断出来的吗？

2.他用的是比例的基本性质。再看第二题。（课件出示：20∶5=1∶4）。

小结：提炼方法。

很多时候我们都用两个外项的乘积是否和两个内项的乘积相等来判断比例是否成立，也就是比例的基本性质。

3.你们是从比值的角度考虑的，也很好。来，下一题。

（课件出示：1/2∶1/3=6∶4）

4.最后一题。（出示 6∶2=2.4∶0.8）

练习二

下面进入第二关。（出示课件）

用下面的4个数组成比例，比比谁写得又对又多？（限时一分钟）

4、5、12、15

请生汇报。（生实物投影展示）

那这个题里面有没有什么窍门？不用这么一次一次地除，就能找到多个答案？

我觉得咱们有必要把这个窍门在组里交流一下。试试看。

这题最多可以找到多少道比例呢？我们课后可以继续研究。

练习三

最后留给大家一道练习题。柯南断案的一道题。

咱们把这道题带到课后来研究。

四、课堂小结

咱们这节课就上到这里。回想一下这节课，你有什么收获或者有什么启发吗？咱们一开始是研究国旗长和宽的比，那么比和我们今天学的比例有什么区别或者有什么联系吗？比有几项？（两项）比例呢？（四项）

它们是有很多区别的。

板书设计：

比例的意义和基本性质

240 ∶　160＝192　∶　128

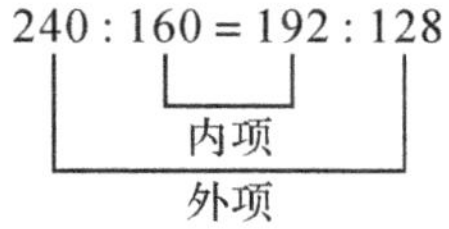

【教后反思】

有意义的数学学习必须建立在学生的主观愿望和知识经验的基础之上，有效的数学学习活动不能单纯地依赖模仿与记忆，动手实践、自主探索与合作交流是学生学习数学的重要方式。在教学中，我对教材进行了有效的处理，让学生在算一算、想一想、说一说中理解了比例的意义，探究出了比例的基本性质，知道了比例从生活中来，从而进一步认识到了数学在生活中有着广泛的应用，激发了学生学好数学的信心和积极性。

1. 在学习比例的意义时，我先让学生根据要求亲自动手写任意两个数的比，并求出比值。然后，分析这些比的比值，看发现了什么？在学生在充分感知的基础上，揭示比例的意义。在此同时还要使学生在学习过程中，理解比值相等时组成比例的核心，在判断两个比能不能组成比例时，关键看这两个比的比值是否相等。为强化理解在这时我安排了两种形式的练习：一是判断。二是组比例。最后通过小组讨论：比与比例的联系与区别，并揭示数学知识不是孤立的，它们之间都存在着密切的联系。

2.在比例的基本性质教学过程中我是分三步进行的：

第一步，先由老师说明比例各部分的名称，同时提示比例还可以写成分数的形式，并由学生自己标出所写的内项、外项。

第二步，通过学生自己计算内项的积和外项的积，发现比例的基本性质并加以概括。

第三步，为了进一步加深对比例的基本性质的理解，我精心设计了由易到难的三种类型练习。

执笔：温州市瓦市小学　朱玲